# 人間狩り

狩猟権力の歴史と哲学

Les chasses à l'homme

Grégoire Chamayou
グレゴワール・シャマユー
平田周／吉澤英樹／中山俊＝訳

明石書店

# 人間狩り——狩猟権力の歴史と哲学

目次

## 凡例

・［］および（）内の記述はすべて原著者の補足である。
・〔〕内の記述はすべて訳者による補足である。長くなる場合は※印をつけ、見開き左に訳注として配置した。
・欧文のイタリック体は強調を意味する場合には傍点で示した。形式的にフランス語以外の外国語に用いられている場合にはその限りではない。
・大文字で始まる単語は原則として〈〉で示した。明らかに日本語として訳語が定着している場合にはその限りではない（異端審問Inquisition、都市国家Citéなど）。
・本書で参照される文献については、邦訳のあるものはそれを参照し、該当頁を示した。文脈等にあわせて適宜改訳させて頂いた。先学の蓄積に感謝する。

# 序論

一五世紀フランス、奇妙な狩りがアンボワーズの庭園でおこなわれた。「おぞましいことに、人間を狩る悦びを知っていた」ルイ一一世は、罪人に「殺したばかりの鹿の皮」をかぶせて追い立てるという挙行に出たのだ。庭園内に放たれ、王が飼っていた猟犬の群れにすぐに捕まったこの罪人は、「犬に引き裂かれ」、こと切れた。[1]

人間狩りの歴史を書くことは、支配者たちの暴力に関する長きにわたる歴史の一節を書くということである。それは、支配関係の確立と再生産に不可欠である捕食技術論をめぐる歴史を書くことなのだ。

本書では、人間狩りを隠喩として理解してはならない。人間狩りは、人間存在が狩りというかたちで突如引きずりだされ、追い回され、捕まえられ、殺されるという具体的に過去に起こった出来事を指し示す。それは規則的に実施され、またしばしば大規模に実施されるものである。その最初の形態は、古代ギリシアで理論化され、その後、近世以降、環大西洋資本主義の発展に応じて驚くべき飛躍を遂げた。

狩りとは、「狩る行為、追いかける行為」、つまり「とりわけ動物を追いかけること」[2]として定義される。しかし、狩ることとは、「暴力的に外に追いやること、何らかの場所から外に出るように強制し、従わせること」をも意味する。追跡する狩りと追放する狩りがある。捕まえる狩りと排除する狩りがある。二つの活動は区別されるが、しかし補完的関係として結びつけられる。つまり、人間を狩り追い回すことはしばしば、その人間があらかじめ公共の領域から追い立てられ、追放ないしは排除されていることを前提とする。どんな狩りも被食者に関する理論を伴う。その理論が、なぜ、あるいはいかなる違いや区別によって、あるものが狩られ、別のものは狩られないかを説明するのである。それゆえ人間狩りの歴史は、追跡技術や捕獲技術の歴史によってのみ作り出されるのではない。それは、人間共同体のなかで狩ることができる人間を規定するための排除に関する手続きの歴史、つまりそこで引かれる境界線の歴史によってもまた作り出されるのである。

　それでも狩る者の勝利——とその喜び——は、もし狩られる者が実際に人間でなければ、つまらないものともなってしまう。社会的に上位にあるというだけでなく、その絶対的な証明でもある優越感は、人間であって、動物ではないとわかっている存在を狩ることに由来する。というのも、バルザックが本書の原則にもなる定式のなかで書くように、「人間狩りは、人間と動物とのあいだに隔たりがある他の狩りよりも優れている」[3]からである。したがって人間狩りには、この隔たりが承認される必要がある一方で、否定されてもいる。それこそが人間狩りに固有の挑戦である。つまり、狩られる人間と動物としての獲物にある隔たりは、理論的ではなく実践的に、捕獲や処刑を実行することによって解消されることになる。それゆえ、暗黙のうちに獲物に人間性を認めながらも実際にはその人間性を度外視することが、人間狩りを構成する二つの相反する態度なのである。

　ここに動物化があるとすれば、それはおそらくハンナ・アーレントが次のように書く意味においてである。「人間というのは、ヒト科の動物の一個体になってしまわない限り、完全に支配されることはありえない」[4]。全面的支配は到達するのが難しい領域である。つまり、それは、「人間」ではなくなるという意味での人間存在の動物化ではなく、人間性が人間の動物性に還元される段階を経る。この動物性は、つねにその怖るべき可能性を秘めつづけているのだ。

主要な問題は、狩る者と狩られる者が異なる種に属していないことにある。捕食者と被食者の区別は、自然本性のうちに書き込まれていない以上、狩る者と狩られる者との関係が、それぞれの立場の反転から免れているわけでもない。ときには被食者が結集して、狩る者となる番が来る。権力の歴史はこうした反転に向けた闘いの歴史でもあるのだ。

# 第1章　二足歩行の雄牛狩り

私としては、我々がおとなしい動物であると考えますし、人間狩りというものがあることも認めます。

プラトン『ソピステス』[5]

奴隷を獲得する術、すなわち正統な仕方で奴隷を獲得する術は、（中略）一種の戦争術もしくは狩猟術である。

アリストテレス『政治学』[6]

ある奴隷（中略）が逃亡した。その名はヘルモン、またの名をニーロスという。生まれはシリア（中略）、齢は一八を数えるころで、背は中くらい、髭はない。良い脚をもち、えくぼがあごにあって、鼻の左につけぼくろがある。口の左端には傷跡が見え、左手首には異国の言葉が二文字彫られている。（中略）この奴隷を連れてきた者には二タラントが与えられることになる。

アレクサンドリアの匿名文書[7]

古代から存続するにもかかわらず、政治思想が十分に真剣に取り上げてこなかったギリシア哲学の緒言がある。それは、主人の権力が臣下を自ら暴力的に捕獲する行為によって基礎づけられているというものだ。支配は一種の人間狩りを前提とする。本書は、この根本命題から出発して、支配される者、すなわち被食者の観点から、その諸帰結を検討する。それは、狩猟権力ならびにその捕獲技術論に関する歴史と哲学の試みである。

ギリシア人にとって、人間狩りは、愛人を追いかけまわしたり、甘言を弄して罠にはめたりするといったような誘惑にまつわる隠喩だけではない。それは奴隷制度と結びついたまさに字義通りの実践でもある。ギリシアのポリス〔都市国家〕は、物質的生活において奴隷の労働に依拠しており、ゆえにさらに遡れば奴隷の獲得に依拠している。たとえばトゥキュディデスは『ペロポネソス戦争の歴史〔邦題：歴史〕』のなかで次のように語る。アテナイ人は航行中に「シカノス族の都市であり、またエゲスタの敵でもあって、海岸沿いに位置するヒュッカラを占領した」。そして「彼らはこの都市の住民を奴隷にした」[8]。戦争と軍事的襲撃は、奴隷労働力の主要供給源のなかでも重要なものだった。

『ソピステス』のなかでプラトンは、狩りは野生動物を追い立てることにとどまらないと主張する。狩猟術のさまざまな分野のなかには、人間狩りの技術があり、それもまたいくつものカテゴリーに分けられる。「盗み、人さらい、独裁、それにすべての戦争などを全部ひとまとめにして、力づくによる狩猟とするのだ」[9]。こうした形態のすべてが同様に認められているわけではないにしても――プラトンは、「海上での人間狩り」である海賊行為が、その行為に及ぶ者を「残酷で無法な狩猟者」[10]にするという理由で非難している――、戦争は逆に正当な狩猟、つまり市民の名に値する狩猟の形態とされる。アリストテレスにおいてもそれは変わらない。「戦争術もある意味では自然にもとづいた獲得術である。というのも、狩猟術がこの戦争術の一部であるからである。この技術は、野生動物に対してとともに、支配されるために生まれながらも支配に従おうとしない人間に対しても使用されるべきである」[11]。

人間狩りは、ギリシアの哲学者によって権力に関わる「技法」、つまり技術として考えられている。「奴隷を獲得する技法」が存在するのだ。支配はただちに次の技術論的観点から問いかけられる。すなわち、主人たちは主人であるために何を為さねばならないのか。いかなる手続きに主人の権力は依拠するのか。

権力技術としての人間狩りの主要な特徴は、非生産的であることだ。つまり、人間狩りは狩りの対象を自ら生み出すのではなく、それを外から採取することで手に入れる。古典的な二分法によれば、狩りは生産技術ではなく、取得に属する。[12]ギリシア人は、狩りで鳥獣を捕まえるように、あるいは収穫期に果物を採るように――言い換えればそれらの生産を組織する必要なく――奴隷を手に入れる。この意味で、アリストテレスは奴隷狩りを「自然からの獲得様式」と形容することができたのである。しかし、人間狩りが権力技術として現れるのだとしても、それは、いわゆる政治術のなかに見いだされるわけではない。権力の狩猟術的様式は、主人が家政《エコノミー》を支配する条件にしか関わらないのである。以上を鑑みると、権力の狩猟術的様式はポリスの技術に属するものではない。

第一の問いは、人間狩りの正当化をめぐるものである。何によって人間狩りをおこなうことが正当化されるのだろうか。

捕獲の正当性をめぐる問いは、ギリシア人の恐怖、すなわち自らが狩られることへの恐怖に対応する。古代世界では、奴隷商人（andrapodistes）、つまり人間を狩る者の恐るべき影が徘徊していた。この狩人は市民を襲い、捕獲し、奴隷として売る。プラトンはまさに、彼自身奴隷の身にやつしたといわれているがゆえに、この危険に触れている。ソクラテスは、人攫いが活動することでよく知られた地域であるテッサリアへの追放を提案されるが、それを拒絶し、人間の奴隷となる危険を冒すよりも法の奴隷でありつづけることを選ぶ。[13] これこそ、無国籍者の不安定性という主題である。つまり、人は追放されれば、法が剝奪されたも同然のため脆弱になる。合法性の秩序からの締め出しと人間狩りとの結びつきによって、被追放者と無国籍者は長らく人間間の捕獲関係をめぐる問題の中心に置かれるのである。

以上のように自由な人間である市民が奴隷にされることもある以上、いかに、我々は合法的な奴隷とそうでない者とを区別するのだろうか。

ひとつの答えは、ある種の人々が人類に帰属することを否定し、彼らを狩ることを可能にするために、獣と同じ動物種にすることである。ところが、ギリシア語文献では、奴隷はいつも人間に非ざる者としての形象を与えられながらも、理論的な平面では、奴隷が少なくとも人類に帰属していることに異議が唱えられているわけではない。奴隷がその人間性を否定されながらも渋々人として認められる形容矛盾の表現――「二足歩行の雄牛」「生きた道具」――によって絶えず指し示される事実は、むしろ奴隷たちをヒューマノイド〔人間に似た生物〕[14] としてみせかけていたようである。つまり、奴隷は人間のかたちをした存在であり、その人間性は身体だけにとどめられる。奴隷の自然本性と主人の自然本性を分かつ隔たりは、人間と動物を区別するものに類似したものとして——同じものとしてではなく——考えられている。アリストテレスの表現によれば、「身体が魂から、獣が人間から隔たっている分だけ他の人々から隔たっている」[15]者たちは、自然に基づく※奴隷なのである。

したがって奴隷に認められていないものとは、ヒトという種への帰属というよりもむしろ、彼らの主人がもつものと同じ人類的形式への関与である。人類にはいくつもの人間的なもののカテゴリーがあり、このカテゴリーは異なる自然本性を、それゆえさまざまな社会的用途を与えられているのである。言い換えれば、ある人々は命令することに、別の人々は従うことに向いている。理性を働かせることはできずとも、理性を理解できる生まれながらの奴隷は、彼らの代わりに理性を所有する人々の命令に従わなければならない。次のような命題はよく知られている。すなわち、身体が魂を支配するような人間が存在するという命題である。こうした人間は自然に基づく奴隷であり、また自然に基づく被食者でもある。

このようにして、奴隷身分は被支配者の存在論的地位のうちに、自然本性上の傾向として、いうなれば支配－のための－存在として書き込まれている。しかしこうした自然本性は、主人によって、主人の権力への意志が投影されたものにほかならない。この意志は、被食者の本質に関する理論として表現されているのだ。

この理論に対する主な反論は、以下の事実にある。自然に基づく被食者は自らがそうであることを認めず、自らが捕獲され隷属状態に置かれることに抵抗するというものだ。

プラトンは『法律』において独創的な仕方でこの問題を取り上げる。独創的というのは、正当性の問題とはまったく切り離して取り上げるからである。すなわち、奴隷が問題を引き起こすのは、奴隷が「手に負えない家畜[16]」となるからである。問題は、奴隷の特殊な地位、すなわち人間の家畜という地位に起因する。まさにこのような矛盾した身分のために、奴隷は自由民と奴隷とのあいだにある必要な区別を受け入れない。人間の固有性は、自らが人間性から排除されることに異議申し立てをおこなう能力にあるといえるのかもしれない。だとすれば、実践的領域における解決策は、奴隷たちが拒絶するカテゴリー上の分割に奴隷をとどめておくことを可能にする技術を列挙することにある。プラトンがここで暴力的な捕獲に言及しないとしても、それでもやはり古代ギリシア以来、暴力的な捕獲が、人間を分割する上記の政治的技術論の最初のものを構成していることに変わりはない。

逃亡奴隷や反逆した獲物の事例は、支配秩序にある危機をもたらす。逃げ出したり抵抗したりすることで、奴隷はもはや奴隷に想定されていた本質に合致するものではなくなる。このように間違って

※　ここに訳出された原語《par nature》の《nature》は、アリストテレス哲学では「自然」および、それに本来的な性質を意味する「本性」を重ねた「自然本性」と訳されるのでそれに準じる。《par nature》は、アリストテレス哲学における「自然に基づく［基づいた］」という定訳に対応するフランス語である。このフランス語表現には一般的に、「生まれながら（の）」「本性からして」「本性的［上］」といった意味があり、本書では文脈に応じてこれらの訳語もあてている。第４章で論じられるスペインのアリストテレス学者であるセプールベダの議論では主に「先天的」と訳出した。

扱われた存在論的秩序を再確立するために、人々が最終的に用いることができる手段はたったひとつしかない。すなわち、武力である。したがって暴力的な狩りは、戦争の形式で、命令されるために生まれながらもそれを拒絶する人間たちに対しておこなわれる。言い換えれば、そういう人間になることを望まない被食者には、服従することしか残されていないのである。

したがって人間狩りの理論的問題に対して、最終的には狩りそのものの実践によって回答が与えられる。それは次の逆説を伴う。すなわち、狩りが自然本性上の分割を根拠としながらも、狩りは自然本性上のものではないことを立証すると同時に、そのことを制定するという逆説である。事実、ここで狩猟権力の基礎として引き合いに出された自然の秩序は、おびただしい数の詐術がなければ成立しえない。

ところが狩猟の暴力は、最初に奴隷を獲得するときだけでなく、つづいて奴隷の統治手段としても介在する。狩りは捕獲の後にもつづくのである。

スパルタでは長い教育期間のなかで、若い戦士たちは田舎に派遣され、クリュプティアという特殊な種類の狩猟パーティに参加する。それをプルタルコスは次のように記述する。「こうした若者たちは、日中は人目につかない場所に分かれて身を隠して休息し、夜になると、道路へ出て、不意を突くことができたヘイロタイ〔スパルタの奴隷民、農奴〕を殺した。ときには畑に行って、一番力がありそうで強そうなのを殺した[17]」。

こうした実践は数多くの仮説を生み出した。軍事訓練、数のうえでは優位にある奴隷住民に対する威嚇的措置、きわめて危険なヘイロタイを「清算する」ことを可能にする秘密の取り締まり活動といった仮説である。歴史家ジャン・デュカは、何よりもまずヘイロタイ狩りの社会的かつ表象的な役割を主張する。この狩りは通過儀礼であり、その影響は共同体全体にまで拡がる。「クリュプティアは野生的な狩りの実地訓練――あるいはその表象――として存在した（中略）あらゆる狩りは獲物を前提とする。ヘイロタイは、彼らが着る特徴的な服によって動物に見立てられることで獲物となる」。ヘイロタイは犬の皮で覆われ、クリュプティア参加者は狼の皮をまとっていた。「この夜の狩りでは、通過儀礼において前例がなくはない逆のプロセスを経て、獲物である動物が狩猟者である動物を捕獲し、野生的な動物人間が飼いならされた動物人間を打ち破る」[18]。主人の息子たちは自ら餌食となる獣となりながらも、そこに征服の原初的光景を再演していた。気ままな殺人によって、権力の真理が血のしぶきとともに顕在化する。誰が主人であったのかを人々に思い出させたのである。

トゥキュディデスは次のように書く。「何よりも、ヘイロタイに対するラケダイモン人〔スパルタ人の自称〕の重要な問題は、ヘイロタイを厳重な警戒態勢下におくことである」[19]。しかし、ヘイロタイの反乱は、社会的境界線の漸次的消滅と比べれば怖れるべきものではなかった。何よりもまずクリュプティアは、まさにこうした境界線の画定の絶対的特徴を呼び起こさせるべく定められたものだったのである。人間狩りはここでは存在論的取り締まり手段として現れる。すなわち暴力は、被支配者たちが被支配者たちの概念、言い換えれば支配者たちが被支配者たちに定めた概念と合致しつづけることを目的としているのである。

狩猟の暴力は、古代ギリシアでは、主人の権力が生まれ、また存続していくための条件として立ち現れる。だが、そのようなものとして、狩猟の暴力は都市国家の政治的領域の外部にとどまる。狩猟の暴力は権力の技術論として提示されるが、その権力は政治の外部〔家政の領域〕にある。ところが、この点に関して、重要な概念の変遷が生じる。後に、政治思想のまったく別の地平において、人間狩りのモチーフと権力のモチーフは新たな仕方で結びつけられることになるのである。

ニムロド（Nemrod）[20]

# 第2章　ニムロド、あるいは狩人の主権

歴史は、その記録をこの最初の国王たちの罪で汚した。戦争と征服は人間の狩猟にすぎない。

ルソー『言語起源論』[21]

彼らを見よ。彼らはおぞましくも美しい。彼らの汚点は美点に属する。かの者はニムロド、すなわち人々を狩る者である。

ヴィクトール・ユゴー『小ナポレオン』[22]

『創世記』はニムロドの物語を伝える。ニムロドはクシュの息子であり、ハムの孫にあたる。ハムはバベルの塔の建設者であり、その土地が迎えた最初の王である。「彼は地上で最初の勇士となった。彼はヤハウェの前で狩猟の勇士となった[23]」。この非常に短い一節が長い解釈を引き起こすことになったのだ。

どのような意味で、ニムロドは狩人といわれるのだろうか。ゾーハル〔一三世紀に発見され、『光輝の書』とも呼ばれる、ユダヤ教神秘思想の伝承テクスト〕の注釈は次のように説明する。「「狩人」という言葉で聖書は動物を狩る者ではなく人間を狩る者を指し示す[24]」。ある注釈者はこうつけ加える。「ここでニムロドがいわゆる狩人であったならば、モーゼはそのことにまったく不安を感じない。しかしモーゼの考えでは、動物を狩ることは人間を狩ることへと移行する役割を果たすことがある。この意味で、ニムロドは「狩猟の勇士」と呼ばれる。このようにして、真逆の状況ではダビデは「民の牧人」と呼ばれるのである」[25]。

ノアの大洪水の後に、神は人々に大地に出て住むことを命じた。ニムロドは従わず、人々を力でまとめあげた[26]。ニムロドが人間を狩る者といわれるのはそのためである。というのも、彼は王になるために暴力で臣下を獲得したからである。彼は自らの民を捕獲したのであった。

それゆえニムロドの権威――最古の主権者〔souverain=至高者〕の権威――は、力以外のいかなる基礎ももたない。ニムロドは人々をさらい、族長たちから彼らが有する原始的権威を奪い取って、神の命令に背くのだ。

聖書的伝統において、このように支配者の権力は直ちに人間狩りという象徴のもとに位置づけられる。ギリシア人においてはとりわけ家政における主人の権力の分析にとどめられていたこのモチーフは、政治的主権を考えるために直接用いられるようになる。奴隷の主人の理論と狩人としての王の理論は互いに重なり合うことで、結果として狩人の主権論を生み出すのである。

ジャン・ボダンは、「領主の君主制」を定義しようとするとき、これら二つのモデルをともに参照する。「最初の君主制は、アッシリアでニムロドの力のもとに確立した。ニムロドは、ヘブライ人の俗っぽい表現でいわば泥棒とでも呼ばれるように、聖書では狩る勇士とされている。アリストテレスやプラトンでさえ、強奪行為を狩猟の一種として位置づけた」[27]。王は、領主の君主制において、主人としての王であり、その政治的主権は奴隷に対する主人の支配と同形のものとして現れる。

問題は、専制的な支配権力に法による権力を対立させ、また暴力による捕獲に自発的な同意を対立させることになる。この変化は、近代になって主権の契約理論の誕生とともに実現されるだろう。この理論ではニムロドが必ずや想起される。[28] しかし近代よりはるかに前から、ニムロドは、まったく別の権力の形式に対峙する役割を果たしたのである。

聖書では、狩人としての王の肖像に羊飼い、すなわちアブラハムの肖像がつづく。その対比は驚くべきものだ。一方には、残虐で偶像崇拝的な僭主であるニムロドが存在し、他方には、争いを好まない徳の高い司牧が存在する。征服する狩人である前者は自ら栄光を称え、支配する情熱に突き動かされている。敬虔な牧人である後者が栄光を引き出すのは、〈主〉への服従と群れへの献身からにほかならない。二つの立場の並行関係は、聖典の注釈の場《トポス》となり、ラテン語訳聖書や説教師を通して競って解釈された。「バビロンの最初の王は強い狩人から始まった。それに対してイスラエルの最初の首長は牧人から始まった」。「狩人は捕らえ、殺すことしか考えない」のに対して、牧人は「信徒たちを愛し、親しくなる。牧人は彼らを名前で呼び、彼らの前を歩み、彼らを良質な放牧地に導き、（中略）彼らの傷口を塞ぎ、彼らが疲れ果てたときには彼らを自らの腕に抱く。（中略）彼らが迷子になったときには、八方くまなく彼らを探す。喜びとともに彼らを自らの肩に担い、昼も夜も彼らを見守り、狼による生命の危険が迫るときには彼らを守る[29]」。

牧人と狩人という二つの役割を比較することの重要性は、聖書の二つの教訓話にある教育的役割以上のものだ。以上のような個々の対称や対立のすべてが、二つの政治権力のモデルを区別し定義する。

ミシェル・フーコーはヘブライの伝統から司牧権力の誕生を見定めた。しかし私が思うに、この系譜には本質的な部分が欠けている。実のところ、司牧は何に対立するのか。フーコーはこう説明する。旧約聖書のなかで「自らの務めを裏切ったとして告発された悪しき王たちも、悪い牧者であると表現されています。しかし、個々にではなく総称としてそのように表現されています」[30]。だが、悪しき王の形象は、欠点のある牧人の事例にとどまらない。司牧権力に真に対峙するもの、すなわち、たんなるその失敗作ではなく、その真の反対命題や反転した分身であると同時に引き立て役の形象として対立するもの、それは人間を狩る者、ニムロドである。ヘブライの伝統から始まる権力の主題化をめぐる長い歴史のなかで、実際に向かい合う二つの項が存在する。すなわち、アブラハムとニムロド、司牧権力と狩猟権力である。

こうした対立の特徴とは何か。司牧権力の第一原理は、それが有する超越性である。神は最高の司牧であり、神は彼に服した司牧に群れを委ねる。この図式では、人間である司牧が神の権威に全面的に服従し完全に帰依する。ニムロドによって、それはまったく逆になる。神の手で民を受け入れるのではなく、ニムロドは民を力づくで、自らの手で捕獲する。狩人としての王の君臨は〈地上〉の第一権力というだけでなく、本来的な意味で大地の第一権力なのである。その権威は、超越的な源泉から受け継がれるものではない。ニムロドは権力の内在に関する最古の形象である[31]。その合理性は、権力に関する神学の合理性というよりも物理学のそれである[32]。したがって、以下の点に狩猟権力と司牧権力との対立を示す最初の重要な特徴がある。すなわち、政治的権威の基礎にあるのは、力関係の内在か、それとも神の法による超越かという対立である。

フーコーにとって、司牧権力はさらに三つの他の特徴によって定義されていた。司牧権力は動く多数性（群れ）に行使され、根本的に慈悲深い存在であり（神のしもべたちの世話をし）、自らの臣下を個別化する（信徒各人を個人的に知る）。それは流動的で、慈悲心に富み、個別化する権力である。ところが、狩猟権力は、伝統的に提示される限りでは、以上の三つの特徴に寸分違わず対立する。

狩猟権力は、獲物に、逃げ去り「遠ざかる生者」に行使されるのだが、そこには二つの問題がある。いかにそれを捕らえるのか。一度捕獲した後でいかに拘留するのか。したがって狩猟権力は流動的なのだが、司牧と同じように動くわけではない。牧人が群れの前を歩き導くのに対して、狩人は獲物を追い捕らえる。とはいえ、本質的な違いがそこにあるわけではない。実際の流動性にもかかわらず、狩猟権力はたいてい領域的権力でもあるのだ。司牧が放牧地という唯一の空間類型しか知らないとすれば、狩人は二つの空間のあいだを、より正確には、空間と領土のあいだを絶えず移動する。ニムロドは狩人であるだけでなく、都市の創設者でもある。ニムロドはバベルに君臨しながらも、定期的にその外部の空間に分け入って、そこで獲物を狩り、壁のあいだに連れていき、積み上げる。それは都市的権力なのだが、権力行使は境界線が定められた都市の単位に限定されるわけではない。逆にすべてが、都市の領域とその外部空間とのあいだで、内部に蓄積するために絶えず外部から採取するような併合運動において繰り広げられる。ニムロドの権力はある領土から広がるとしても、捕食的活動を拡大するにあたってどんな外的境界にも制限されることはない。この権力は、蓄積された領土から、限定されることのない外部資源に対して行使される。ニムロドが狩りをするだけでなく建てるのは、狩りが建てることの条件だからでもある。つまりニムロドは建てるために狩る。狩猟権力は、無制限の併合的論理のうちに散在したものをとりまとめ、中心化し、蓄積する。これこそがバベルのイメージである。言い換えれば狩猟による蓄積は、天にまで届くような垂直的な集積によって表現される。捕獲された人間は、自らを幽閉する都市を建設するために用いられる。狩猟権力の活力は、次の二つのベクトルによって方向づけられる。すなわち、外部資源を併合して中央に集め、内部の領土上に簒奪物を垂直化することである。

こうして、司牧権力が移動する多数性を導き、それに随伴するのに対して、狩猟権力は蓄積された領土から捕獲するための空間に広がる。

司牧権力が基本的に慈悲深いのに対して、狩猟権力は本質的に捕食者である。羊飼いであるモーゼがイスラエルの民の政治的指導者に選ばれたのは、モーゼが、群れを指揮する彼の能力によって、人々の統治に転換可能な素質を示したからである。それとは反対に、ソールズベリーは次のように書く。「暴君が傲慢（中略）であるのは、野生動物を虐殺しその血のなかで転げ回りながら、〈主〉を軽蔑することに慣れてしまった創設者でしかないからである」[33]。司牧を務めることが善き統治の基礎になるのとまったく同様に、狩りは暴政の養成所である。司牧権力が内部の資源の成長を管理する合理性に従うのに対して、狩猟権力は徴収や採取の論理を課す。中世の想像世界では、ニムロドは租税権力の象徴である。「ニムロドはひとりの男ないしは女を捕らえることができたとき、捕らえた者を解放する前に自らかあるいはその後継者に毎年一頭の牛か一定量の穀物を納めることを約束させた」[34]。司牧が臣下の生活と健康を気にかけるとすれば、狩猟者は、必要とあらば、衰弱し死に至るまで搾りあげ使い果たすのである。

最後に、司牧権力が個別化する――司牧が神のしもべたちの各人に個人的注意を向けなければならないという意味において――権力であるのに対して、狩猟権力は、分割を実行するとしても、それを蓄積の観点からおこなう。狩りは、最弱の者を孤立させるために獲物の集団を怖気づかせることから始める。それは分割の手続きである。つまり、個人をそれが所属する集団から切り離すのである。まずこの手続きによって獲物たちを孤立させるのは、次に彼らを寄せ集めるからである。記念碑文において、アッシリアの王アッシュールバニパルが「自慢していたことは、自らの手で四五〇頭以上の巨大なライオンや三九〇頭の野生の雄牛を殺し、また二輪戦車に乗って二〇〇羽のダチョウの首を切り落とし、罠で三〇頭の象を捕らえ、五〇頭の野生の雄牛、一四〇羽のダチョウ、二〇頭の巨大なライオンを生きたまま捕獲したことであった」[35]。狩猟権力は積み重ねるのであって、個として扱いはしない。

司牧権力は臣下の救済に尽くさなければならないため、全体と部分の弁証法に巻き込まれているが、そこにある種のジレンマがある。ある神のしもべは残りの群れを助けるために犠牲にされるのだろうか。狩猟権力にはこのようなジレンマは何もない。全員死んでも構わない。損失があれば、いつでも狩猟権力は外に別の資源を探しにいくのである。狩猟権力はいかなる保存の要請にも従うことはない。結果として狩猟権力には、誰それの生き死にに関しておこなうべき選択など存在せず、いかなる犠牲の問題系も存在しないのである。

キリスト教は、以上のような司牧権力と狩猟権力との対立を存続させる。この対立は、とりわけキリスト教にとって人間の統治に関する教権的な方式と俗権的な方式を区別するのに役立っている。福音書はこう語る。「イエスがガリラヤの海辺を歩いていたとき、ペトロと呼ばれるシモンとその弟アンドレアスの二人の兄弟が海に投げ網を打っているのを見た。彼らは漁師だった。そこで彼は彼らに言う。「私の後についてきなさい。そうすればあなたたちを人間を捕る漁師にしてやろう。そこで彼らはすぐさま網を捨て、彼に従った[36]」。ここに、キリスト教の熱心な布教から偉大な隠喩のひとつが見いだされる。すなわち人間釣りである。信徒たちを集めるのに、キリスト教は狩るのではなく、釣るのである。

ホッブズは次のように注釈する。「この時期は、我々の救世主によって魚を捕ることに比較されている。すなわち、人々を、強制と処罰によってではなく、説得によって服従させることにである。したがって彼は、彼の使徒たちに対して、自分が彼らをそれだけの数のニムロド、すなわち人間の狩人にしようとは言わないで、人間の漁夫にしようと言ったのである[37]」。拘束的な法に厳格な説得が対置される。こうして、以上の伝統のうちに主権者の政治的権力が、教会の厳密に霊的な権力と区別されるのである。[38]

ニムロドの歴史とともに明らかにされるのは、まさに西洋政治思想の忘れられた広大な領域である。ヘブライ的な司牧主義とそれにつづくキリスト教的司牧主義の発展から、政治は概して羊の群れに関わる問題として考えられたとフーコーがいうことができたとするならば、[39] 政治は、並行しながらも対立する系譜学に沿って、狩りの問題としても考えられるのである。

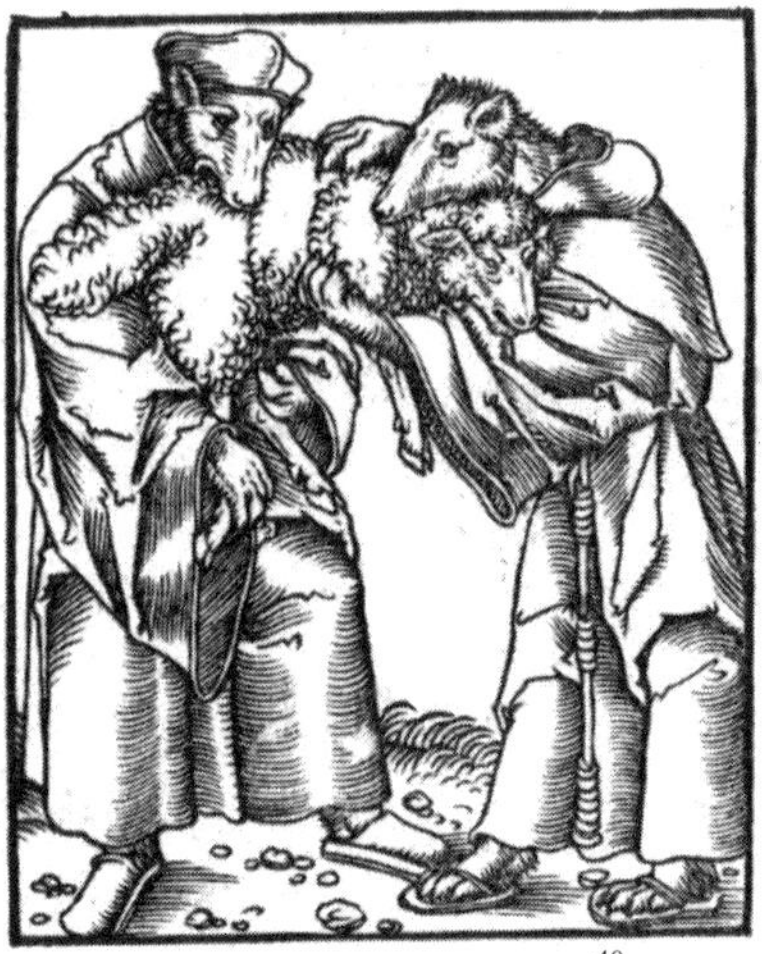

自らの群れを貪る〈教会〉(1539)[40]

# 第3章　伝染病にかかった羊と狼男

この恐るべき信仰の帰結が残酷なものだとしても、この帰結は論理的であることがふさわしいものでなければならない。王は人間の司牧であり、司牧は伝染病にかかった神のしもべを癒すか、でなければ群れ全体に感染することがないように殺さなければならない。

ウジェーヌ・ムトン『フランスの刑法』[41]

**wargus** という言葉は狼と盗賊を意味していた。なぜならば追放される者は、獲物になる獣と同じく、森の住人であり、狼とまったく同様にとがめられることなく殺すことができるからである。

ヤコブ・グリム『ドイツ法の古代』[42]

一三二九年、カルカッソンヌ出身のシモン・ロランは依然として「教皇の権威によって何度となく有罪宣告を受けてきた、異端の教えに基づく謬見に毒されている」と嫌疑を受け、異端審問にかけられた。彼が有罪宣告を受けたときに聞いた文言は、おそらく審問官たちによってすでに何十回も発せられたものである。「神の恩寵によって、パミエの司教ピルフォールを筆頭とする我々は（中略）、伝染病にかかった羊〔brebis〕のように、おまえが群れにいる他の神のしもべたち〔brebis＝羊〕を感染させないかと当初から懸念を抱いているのであり（中略）、おまえを頑迷な異端者として宣言し、以上の理由でおまえを俗権に委ねることとする」[43]。

先に見たように、キリスト教の司牧的活動は狩猟権力に対置されていた。つまり、人間を狩るというよりも魂を釣るのであり、拘束するよりも説教するのである。司牧権力は狩りに対立するものと定義されていた。しかし――もっといえばここに逆説があるのだが――司牧権力は自ら狩猟的実践、独自の人間狩り、すなわち司牧による狩りを展開したのである。

司牧モデルと狩猟モデルを根本的に区別し、また前者に捕食関係そのものを徹底して禁じさせていたのは、配慮し保護せよという命令の存在であった。捕食権力に対する保護権力、これが対立線であった。ところが、司牧者による狩りは、まさに群れの保護の名のもとに繰り広げられたのである。群れを保護するために、ときには一部の神のしもべを追い立て、その幾人かを犠牲にすることで残りのしもべたちを救わなければならない。ここにあるのは、先に見たような捕食するために採取する論理ではもはやなく、群れのために切除する合理性、または群れの健康のために排除する合理性である。

「あなたが私の羊の世話をしなさい」という神の命法には、実際に司牧権力のいくつもの特権が由来していた。ベラルマン枢機卿は次のように要約する。「司牧は誰しも、自らの群れを保護するために三種類の力をもたなければならない。一つめの力は、狼たちに対する力である。それは狼たちが羊たちに害を及ぼすことを防ぐ。二つめは雄羊に対する力である。それは雄羊たちが雌羊たちに危害を与えないようにする。三つめは雌羊たち一般に対する力である。それは雌羊たちに必要な食べ物を与える。したがって、もし群れを率いる者が雄羊や狼に変わるようなことがあれば、ローマ教皇は（中略）それを追い払う力を有するのでなければならないのではないだろうか」[44]。

司牧による追放する狩りに適したイメージは衛生に関わるものである。それゆえ、病、壊疽、疫病の隠喩があるのだ。感染が蔓延するのを防ぎ、全面的な伝染を予防しなければならない。教会法の表現によれば、「大量の血、個人、家全体に至るだけでなく、群れすべてが侵されるという懸念をもって、壊疽にかかった肉を切り落とし、伝染病にかかった神のしもべ〔brebis＝羊〕を生活地域〔bercail＝群れ〕から遠くに狩り立てなければならない」[45]。

こうした一般的なイメージに、危険分子を確定し、排除・除去する技術が対応する。それは、伝染病にかかった神のしもべに関する理論と、それに対応した審問、破門、火刑の実践である。異端審問の重要課題は、異端の個人を同定することにあった。そのために、あらゆる監視・管理活動やこれまでにない記録保管機関が生まれたのであった。それは、近代の始まりにおいて、大規模な魔女狩りが実行されたときに再び問題となったのである。「魔術に対する戦いは、主に魔女たちの帰属先を知ることにあったのであり、その逃亡先を知ることにあったのではない。だから、狩りは主体の確定、つまり主体の帰属先を同定することからおこなわれた」[46]。司牧権力が狩る者になるとき、司牧権力は、本来、主体〔sujet＝臣下〕の配慮を目的にしていた個別化の細かな手続きの総体を、抑圧を目的としたものに転じるのである。

こうした目的が共同体の成員に課されるがゆえに、司牧者による狩りは追放行為をもたらすことになる。それゆえ破門は、信徒に、秘跡、教会への立ち入り、祈る者たちの霊的交わり、そして教会の外における信徒たちの社会生活を禁じる。しかし、破門された者はただ群れから追い払われただけではない。司牧の保護が適用されないため、破門された者はあらゆる捕食行為にさらされ、身体的かつ精神的な死のなかに打ち捨てられるのである。「夜に羊をその放牧地や小屋の外に投げ出すような者は、羊を狼の口元に投げ込んだも同然なのだから」[47]。

次の点は重要である。司牧者による追放するための狩りは、獲得するための狩りとは異なり、臣下〔sujets〕を除去することを目指す。問題は獲物を捕獲することではなく、危険なものとなった獣を抹消することである。キリスト教神学は、この点に関してはっきりしている。少なくとも、聖トマス・アクィナスの筆のもとではそうである。彼は次のように書く。異端者たちは「たんに教会から破門によって分離されるに値するだけでなく、死によって世界から排除されるに値する」[48]。したがって、伝染病にかかった神のしもべが委ねられることになるのは、「俗権の裁判官なのであり、この裁判官は彼を生者の数に加えないようにする」。だが、こうした殺す権利は、何に基礎づけられているのだろうか。聖トマス・アクィナスは、偽金造りを処刑する君主の権利とのアナロジーで、この権利を確立する。異端者もまた本物を偽物にし、誤りを流通させる。より深刻なのは、異端者が教義を捏造し、真理の伝達に関する教会の独占を問題に付すことである。この点で異端者は権威を脅かす。それゆえ、異端者は根絶されなければならない。臣下〔sujets＝主体〕の司牧的管理、真理の産出の独占、追放する権力、これら三つの結びつきは、教会が支配した狭義の時代状況を超えて、はるかに長いあいだあらゆる一連の制度――教義、排除、粛清の様式で機能する党派、国家、組織――のなかで機能することになることを明記しなければならない。

排除する狩りは、宗教権力に固有のものではない。主権者もまた長らく追放刑を用い、追放を実行していた。

スカンジナビアとドイツにおける古代の権利においては、追放刑に処された者は、文字通り「法の外に」置かれる。合法的秩序からつまはじきにされることで、追放刑に処された者は、民衆による狩り出しの餌食になるのである。各人が問題なく彼を殺すことができる。「法の保護を奪われた者〔hors-la-loi〕」――アングロ・サクソンではUtlagで、スコットランドではOut-law――は、アイスランド語ではVargr、すなわち狼とも呼ばれる。それは「人間社会から追放されたので、法の外にいる者が野生の獣のように森のなかをさまようことを余儀なくされていることを意味するからである」。追放された者がその地域に留まろうとしようものなら、彼は「侵すべからざる場所にいる狼のように」語られ、「狼の頭によって表象された」のである。[49]

狼というのは群れを脅かす獰猛な獣である。つまり、追放刑に処された者が狼に同一視されるのは、彼が狼のように殺されなければならないからである。ロベール・ジャコブが書くように、「結果として法の言葉が指し示すのは、追放刑に処された者は法的観点から有害な獣になったということであり、その物理的清算は罪を免れるだけでなく推奨もされるということである」。[50]

農村では、古くからの牧人の犬はしばしば森に帰り、家畜を襲い始める。一度血の味を覚えたために、犬たちは捕食者に変身したのである。したがって、変わり果てたこの動物は殺されなければならない。司牧社会ではよく知られたこうした変身の経験こそが、狼男に関する刑罰の想像世界のなかで用いられる。ルー・ガルー〔狼男〕の神話もそこに源泉をもっている。しかし、この神話がおそらく太古の実践に通底するものだとしても、歴史家たちの指摘によれば、その語彙が法的言語のなかで急激に用いられるようになったのは、キリスト教的司牧制度の影響下にあった一二世紀からのことである[51]。

追放された者が受ける刑罰としての追放は、三重のものである。すなわち、共同体からの追放、合法性からの追放、安全からの追放である。

まず、共同体からの追放である。宗教的破門の場合のように、有罪とされた個人は、人間の共同体から追い出される。これが追放の刑に処するということである。この措置は追放された者だけでなく、彼とともに共同体全体にも関わる。共同体は、被追放者とのあらゆる関係を禁止され、違反者には制裁が科される。追放刑に処された者に話しかけること、彼に歓待を供すること、食事を提供することは、その近親者であっても、またとりわけ近親者に多いのであるが、犯罪とみなされる。「誰であれ（中略）追放刑に処された者にパンや庇を与えようとするものは、それが彼の妻であれ、近親者であれ、有罪と宣告される」とサリカ法典〔六世紀初頭に編纂されたフランク王国の法典〕は規定した[52]。連帯そのものが禁じられるのである。

次に、合法性からの追放である。社会関係から狩り立てられることで、追放刑に処された者は法からも狩り立てられる。「我々はあなたが有するすべての国の権利を取り上げ、あなたをまったく法のない状態に置く」と、追放刑に関するある文書は規定した[53]。追放刑に処された者は法の外に置かれる、つまり非合法化されるのである。

最後に、安全からの追放である。有罪の宣告を受けた者は、主権者の誓約の外に置かれる。つまり、彼は王の宣誓〔sermo regis〕、言い換えれば主権者と臣下を結びつける保護の宣誓[54]から追放されるのである。このようにして、主権者による保護を失うことで、臣下は根底的に不安定な状況に投げ込まれる。「我々はおまえの体と肉を森の獣たちに、空の鳥たちに、水に住む魚たちに与える。そして我々は、誰もが休息と安全を享受する権利を有するあらゆる場所で、おまえの休息と安全を乱すことを各人に認める。さらに我々はおまえを世界の果てに送り込んでやるのだ[55]」。自然の捕食にさらされることは、政治的宣誓によって約束された安全と正反対のものである。追放刑に処された者は、彼と出会った人々によってなすがままにされる「守られない人」というだけでなく、積極的に殺害可能な敵として、罪を問われることなく除去できる生として指定される。実際、「被追放者と出会った誰もが略式で殺害できるように、我々は彼を誓約の外に置く[56]」と六世紀にキルペリク一世の勅令は約束している。それはたんに自然に対して脆弱になるだけでなく、脆弱化を推し進める政治なのである。狩りは解禁となる。

社会から、法から、〔安全を担う〕国家から死を与えられる被追放者は、自らの妻が寡婦であり、子供たちが孤児であると宣言される。被追放者は、最終的に自分には墓も奪われ、「地上に存在した彼のあらゆる痕跡が抹消されることになる」[57]ということもわかっている。被追放者に破門〔anathème＝呪われし者〕の烙印を押し、彼を森の獣と同一視する社会は、「もはや彼を社会の一員として承認せず、さらには人間としても承認しなかった。被追放者は生ける死者となったのである。あるいは少なくとも、社会は、被追放者を擬制的に存在が奪われたものとみなしていた」[58]。

以上のような擬制的死を与える手続きは、後の時期に再び見いだされることになる。それは近世における市民権の剝奪宣告に伴う「人形《ひとがた》の処刑」のときに、きわめてスペクタクル的な様相をもって見いだされる。一七世紀には、不在の有罪者は処刑できないので、代わりに人々はその肖像を破壊する。「処刑場で衆目にさらされた多くの絵画を見ると胸を打たれる。死刑執行人はその絵の頭を切っていた（中略）好奇心からやってきた人々はみな、絵に描かれた多くの犯罪者たちが片っ端から死に追いやられながらも、まったく死なない状況を目のあたりにした。（中略）この発明こそ、法廷が発見したものである。法廷はこれによって、罰を与えられない人々に汚名を着せ、罪人を確保せぬまま罪を罰したのである」[59]。

しかし、以上のような社会的、法的、象徴的死の形式は、何よりもまず追跡のための補助的役割を果たしている。社会的かつ法的剝奪による煙幕を張る手続きに似たもののうちでは、問題は何よりもまず逃亡者から社会と法の効力を奪い、よりよく狩り出すために逃亡者とそれ以外の者たちを切り離すことだ。この手続きは、欠席裁判による有罪宣告の事例においてとりわけ明らかである。そこで、「法廷に姿を現さない刑事・民事被告人に対して宣告される法の保護を奪う措置は、罰というよりも被告人を出廷させることを目的とした強制手段なのである」[60]。不在の被告人を見つけ出すために、追放するという逆説的な戦術である。逃亡者を捕まえ幽閉できないのであれば、逆に人々が逃亡者に対して扉を閉め、ロベール・ジャコブが述べるところの「裏返しになった一種の刑法体系」に閉じ込めるのである。そこでは「社会は自らを幽閉するのに対し、非行者は逃げ去る」[61]。

しかし逃亡者の数が増えるときには、被追放者たちが森のなかで集まり、徒党を形成することがある。追放者だった状態から、彼らは匪賊になる。脅威に直面して、人々は獰猛な獣を追跡するように被追放者を追跡する計画をたてる。たとえば、彼らの首には値がつけられ、彼らの遺体をもってきた者には報酬が約束される。アイスランドでは、リラルフ＝ヴァルダーガーソン（Lylulf-Valdergarson）という名をもった土地の守護者（Logmadr）が「絶望と飢えからあらゆる罪へと駆り立てられた森の獣みたいな野郎を追い出すために、英雄的かつ野蛮な手段」を思いついたといわれているが、「彼の提案では、被追放者のそれぞれの首に値がつけられていた」[62]。一三世紀末の時代においても、「人々は、狼、すなわち追放者の首を裁判所にもたらした者に一律一〇マールの懸賞金を与えていた」[63]。

ジョルジョ・アガンベンにとって、被追放者の形象は、政治的主権の本質をめぐる重要かつ隠された何かを明らかにする。すなわち「この人間の狼化、狼の人間化は、例外状態にあって、つねに起こりうる」[64]。社会契約論が主張することとは逆に、自然状態は政治的秩序に先立つのでも、それによって乗り超えられるのでもない。反対に自然状態は、そのただなかで、つまり法の例外様式において絶えず再活性化できる潜在性なのである。主権権力は法主体に行使されるといわれるが、実際には「剝き出しの生」を対象とするのである。剝き出しの生は、法的人格といううわべだけの装いのもとで普段は隠されながらも、追放によって絶対的に露わになるように白日のもとにさらされるのである。

しかしながら、狼男狩りの政治的意味を読み取る別の方法もある。そこに主権の全能が顕現することを見るのではなく、エリック・ホブズボームは逆に次のことを示した。こうした追放刑〔bannissement〕の実践――「匪賊〔bandits〕」という名の由来となる制度――は、むしろ「権力機構の浅はかさ」を示す。「各人がみな法の外の人間を殺害する権利をもつのは、いかなる権威も彼を法に従わせることができないからである」[65]。したがって追放刑は、逃亡者を捕まえることのできない脆弱な権力のしるしとして、また欠陥のある措置、すなわち逃亡する臣下〔sujets〕に対する権力の弥縫《びほう》策として現れる。

各人が逃亡者に襲いかかることを可能にすることで、主権者は危険な矛盾に陥ることにもなる。つまり、任意の者に有罪の宣告を受けた者を殺す許可を与えることは、主権者の特権を人民の総体に譲渡することに、言い換えれば正当な暴力の独占を事実上断念することに等しいことだったのである。十分には発達したわけではない主権を特徴づけるこの矛盾が――部分的にではあれ――取り除かれるのは、組織的な警察力を与えられた近代の国家装置が確立されてからのことである。追放措置は、まさに警察国家が強化されていくにつれて、歴史的に廃れていった。

狼男狩りが明らかにする政治的秘密とは、主権権力が歴史的にそれほど強力なものではなかったということである。

主人による奴隷を獲得するための狩り、暴君の主権による捕獲するための狩り、司牧権力による追放するための狩りがある。近代の黎明期には、このようにして定義された狩猟権力の三つの形象が存在した。以上の旧来モデルは、ほどなくして、新しい歴史的経験により見直されることを余儀なくされる。

# 第４章　先住民狩り

人は犬を連れて人間狩りに行った。狩りの標的である裸同然で丸腰の哀れな未開人は、森の奥深くまでダマジカのように追いかけられ、猟犬に貪るように食われ、撃たれて殺されたのである。

ヴォルテール『風俗論[66]』

ヨーロッパでは、未開人との戦争がどういったものか見当もつかない。いわんや番犬を使って人を狩ることについては存在しないも同然である。しかしそれは絶滅戦争なのである。

著者不明『アメリカ合衆国の社会と風俗に関する観察[67]』

スペイン人の回想録には、征服者バスコ・ヌーニェス・デ・バルボアの忠犬であるレオニシーコの武勲が語られている。「サンフアン〔現プエルトリコの都市〕島のベッセリコという犬の息子である。（中略）レオニシーコはその親以上に有名であった」。人間の配下と同等の分け前をもらう権利があったレオニシーコは、主人に二〇〇〇ペソ以上の金貨をもたらした。オビエドの描写では、この犬は赤い服をまとい、たくましい体つきで、戦いで受けた無数の傷が刻まれていた。「スペイン人たちが先住民を狩り出し追跡したとき、彼らは例の犬を放ち、次のように言った。「奴はそこにいる。捕えよ！」犬は先住民を追った。非常に鋭い嗅覚の持ち主から、獲物が逃れることは稀であった。先住民は、捕まえられても静かにしていれば、噛みつかれたり痛くされたりせずに袖か手を引っ張られるだけで済んだ。しかし万一抵抗すれば、犬は先住民を八つ裂きにしたのである」[68]。三世紀以上後には、アメリカのあるフランス人宣教師がこういった動物に惚れ込むこともあった。「先住民狩り専用に見事に調教されたグレーハウンドは、非常に傑出した美しさと知性を兼ね備えている」[69]。

新世界の征服は、およそ四世紀にわたり、全アメリカ大陸で隷従や畜殺のためにおこなわれた壮大な人間狩りの引き金となった。それは大規模な現象であり、それには特別に訓練された犬、職業的な狩猟者、武器、知識を伴うものであった。

最初の征服以来、長いあいだ奴隷とするための先住民狩りがつづいていた南米では、いくつもの都市が全面的にこうした経済活動に特化して作られた。三世紀以上にわたって、パウロ民（les Paulistes）と呼ばれるサンパウロ住民は、主な収入源として「先住民殺し（descer indios）」[70]と呼ばれる活動を行なっていた。武装した小集団を率いるバンデイランテ〔バンデイラと呼ばれる先住民を捕えたり、ブラジルの内陸部を探査したりすることを目的とした事業に参加する者の呼称〕が、原住民部族を襲って捕獲し、奴隷として売るのである。彼らにより数万人が捕まえられた。最も有名な「パウロ民」のリーダーのなかには、ジョアン・アマロという名の人物がいた。一七世紀末に、「人間狩りを生業としていたママリュコス〔(Mamalucos) 白人と先住民の混血の第一世代〕の一団」[71]を率いた男である。ママリュコスの装備は次のように描写されている。彼らは「散弾と火薬を携帯していた。銃を担ぐ者に加え、別に弓矢で武装する者もいたが、全員が長い刀を装備していた。（中略）裸足で、腰には革ベルトを巻き、頭には縁の大きい麦わら帽子をかぶっていたが、粗い綿生地のパンツとその上部で裾が揺れる程度の短いシャツの他に、衣服は何も着用していなかった。時には鹿の皮でできた胸当てと腿当てを身につけることもあった[72]」。

社会的事実として先住民狩りは、大規模な経済活動、生活形式、残酷な快楽、死を弄ぶスポーツのようなかたちと切っても切り離せない関係にあった。それは征服当初からのことであった。最初から「運搬用の家畜として先住民を使うためだけに、スペイン人たちは彼らを狩っていたのではない。それは暇つぶしと娯楽に興じるためでもあった[73]」ということははっきりしていたのである。

獲得するための狩りは、将来奴隷となる者を予め確保することを目的としていた。それは捕獲するための狩りであった。獲物は殺してはならなかった。というより、むしろ生きたままの獲物でなければならなかった。他方、畜殺するための狩りの目標はまったく別物である。その主たる目的は、住民を根絶やしにして、領土を征服することであった。疫病だけでなく、根絶やしを目的とする極限的な暴力の政治もまた、アメリカの先住民を殲滅させたのである。一九世紀にスクールクラフト〔一七九三〜一八六四〕アメリカの民族学者〕は、北米では「野生の獣が狩られるように」先住民が殺されていると報告し、先住民問題を担当する行政官の陰鬱な言を引用している。「白人は先住民に絶滅戦争を仕掛けている[74]」。

一七二五年、マサチューセッツ植民地総督府は、人殺しで儲ける活動を奨励し、先住民の頭髪に一〇〇リーヴルの賞金を懸けていた[75]。ラヴウェルという名の男は、志願者グループのリーダーに選ばれ、ある程度の成功を収めたが、その後不幸な運命を辿ることになる。彼の死に様は生き様そのものだった。「五月八日、彼は、岬にて一人の先住民を見つけた。先住民は湖に向かっていた（中略）ラヴウェルが近寄ってもこの先住民は身動き一つしなかった。死が目前に迫ろうともお構いなしであった。ラヴウェルが射程圏内に入ると、先住民は銃を放ち傷を負わせた。ラヴウェルはさらに射撃を受け、何発もの銃弾が貫通してこと切れた。同時に、茂みに隠れていた八〇人の先住民がイギリス人たちの荷物を強奪し、帰ろうとする彼らにトマホークや鉈で襲いかかった。イギリス人は七名殺された。（中略）この事件は一連の野蛮な小旅行に終止符を打った」[76]。とはいえ、それはほんの束の間のことであった。

一世紀以上後にダーウィンがサンタフェ〔アメリカのニューメキシコ州の州都〕に滞在したとき、現地長官のお気に入りの活動が「原住民を追いまわすこと」であり、「少し以前に四八人を殺し、その子供たちを売り飛ばした」のを目撃したのであった[77]。

人間狩りが、このように大陸規模でおこなわれ、大量虐殺に至るまでになったのは、おそらく初めてであった。

以上のような征服するための狩りには、正当化、つまり理論が必要であった。いかなる名目においてて、先住民狩りを実行できたのであろうか。壇上には、ずいぶん昔から複数の哲学者が上がっていた。一六世紀以降、一部の人々は、先住民の本性という概念、言い換えれば人間学に基礎を置いた正戦論をアリストテレスの延長線上で発展させようとした。実際に、存在するからという理由以外に、何もしたわけではない人々に対する戦争をいかに正当化するのか。私は、あらゆる人間狩りは被食者についての理論を前提にすると示した〔序論参照〕。まさにその通りの事例がここにはあった。

スペインの人文主義者ファン・ヒネス・デ・セプールベダが、先住民の従属を論理的に基礎づけようとしたとき、彼はきわめて当然のこととしてアリストテレスを参照することになる。セプールベダは、アリストテレスの書を翻訳し注釈をつけることに生涯のほとんどを費やしていた。とくにセプールベダが念頭に置いていたのは、奴隷は先天的奴隷〔＝自然に基づく奴隷〕であり、狩りは戦争術の一分野とみなされるのだというアリストテレスの有名なテクストである。彼はこう書く。先住民は、「市民生活や争いを好まない習慣とは無縁な、野蛮で非人間的な人々のことです。彼らが、文明化された人間的な君主や民族に従属することは、今後もずっと正義であり、自然法に適うものでしょう。彼らは、支配者の法の徳と英知を享受することで、野蛮な状態を脱し、人間的な生活を送ろうと決心するのです（中略）しかし、もし彼らがこのような支配を拒むのであれば、武力によって彼らを強制的に服従させることが許されます。この場合、戦争は自然法からして正しいものとなるでしょう」[78]。そして、アリストテレスを引用しつつこう述べる。「動物だけでなく、支配されるように生まれながらも支配を拒む人間に対しても、行使されるにふさわしい狩猟術」がある、と。アリストテレスの説は、長きにわたり眠りにつき、埃をかぶったまま修道院に放って置かれていたが、以後肉体を取り戻し、これまでにない具体的な姿を大西洋の向こう側に現した。人間狩りが戻ってきたのである。人間狩りが、アリストテレスの表現とともに、古くからの教義となった。
とはいえ、古代の説がこのように再解釈されたのは、キリスト教ヒューマニズムという哲学的にはまったく別の地平であった。ところが、このことが何の支障もきたさなかったわけではない。最も強い緊張関係が、支配に関するアリストテレスの説と改宗に関するキリスト教的教義が触れるところに現れたのだ。前者は、差異を本質とするような不平等の固定的観念に基礎づけられていたのに対し、後者は公式に人類の一体性と普遍的平等という教義を表明していたからである。

以上の困難を意識して、セプールベダは和解を試みた。それは、アリストテレスの命題の特筆すべき修正によって表現される。その貢献は次のとおりである。劣った人間性しかもたない人間は、今後、その本性が不完全であるという理由からだけでなく、彼らを人間にするために従属させられることになったのである。この文明化の技法に関する議論は、そのダイナミックな側面によって、奴隷は先天的奴隷だという旧来の説と対照をなす。同様に、狩りとしての戦争は、アリストテレスにおいてはたんなる獲得手段でしかなく、被食者の本性を変えるものではなかったが、以後、人間にするための手段として提示されることになった。にもかかわらず――これは決して些細な逆説などではない――狩りとしての戦争は、実際には被食者を獣として扱う結果になったのである。

しかし、セプールベダにはためらいがあったように見える。まず先住民は、「矮人（homunculi）」、文字通りには小さな人々、すなわち退化した人々と形容されていた。「彼らのなかにはかろうじて人間であることが見いだせる[79]」。あるのは不完全性であり、それゆえに自らによって自らを統治することができないのだ。その結果、彼らの不完全性が人間的であるヨーロッパ人による支配権の根拠となった。これが征服者の優れた人間性に関する議論であった[80]。しかしセプールベダは、先住民が人間性に欠陥があるとする説を提起するや否や、もう一つの命題に移った。先住民は道徳的に非人間的だという説である。なぜならば、先住民は「人肉を貪り[81]」、「人間を生贄として捧げるという途方もない儀式[82]」を実践する――いずれも自然に反する罪であり、その甚だしさは人間から締め出されて当然のものだ――からである。しかし、先住民を根本的には人間に値しないと評価するにもかかわらず、数段落先で、その征服が信仰を普及するための特権的手段だと証明することが問題になるや、セプールベダは彼らのなかに人間の本質を認める。獣には布教しないからである。

「かろうじて人間」、「非人間」、「人らしきもの」といった形容の言葉は、状況に応じてすっかり変わってしまう。先住民を支配するときには彼らを不完全ながら人間だといい、追放しようとするときにはまったく非人間的だと述べ、改宗するとなれば根本的には人間だというのである。しかしこの存在論的揺らぎは、現実には哲学的に三つの権力関係を表現するものにほかならない。問題は、実際にそれらを先住民に適用することであったのだ。その三つとは、奴隷と主人の権力関係、主権の権力関係、司牧の権力関係である。問題は、これら異なる権力形態がアメリカ大陸で実際には融合しつつあったのだとしても、それぞれ異なる正当化の言説が歴史的に与えられていたことにある。新たな征服権を理論化するためには、これら三様の言説に一貫したまとまりをもたせなければならなかったのだ。

これらの言説は、最初うまく結びつけられなかったが、つづく植民地権力の統一理論のなかで基礎づけられた。この統一理論は、一六二二年に『聖戦についての対話（Dialogue sur la guerre sacrée）[83]』のなかで、フランシス・ベーコンによって見事に表現された。ベーコンはこの理論をゼベダエウスに語らせる。ゼベダエウスは、当時の原理主義的なカトリック信仰の立場を具現化する「献身的なカトリック教徒」である。

ゼベダエウスの話がアリストテレスから始まるのは驚くことではない。「生得的に、ある者は命令するために生まれ、他の者は服従するために生まれる[84]」。しかし、古典的なこの命題は、即座に法学や神学の言葉に移し変えられた。自らによって自らを統治する民族の権利は、何によって否定されうるのかという問いに答えるには、「起源にある統治の贈与に遡ら[85]」なければならない。つまり聖書に遡らなければならない。聖書は、次のように一文で、主権の基礎についての手がかりを与えてくれる。「我々の似姿に、我々に似せて人間を作ろう。そしてこの人間は、海の魚、空の鳥、大地の動物に君臨するのだ[86]」〔『創世記』第一章二六節。若干、引用文は聖書原文との異同がある〕。ヴィクトリア〔『聖戦についての対話』に登場する人物の一人〕につづいて、ベーコン／ゼベダエウスは、以上の二つの観念――〈神〉の似姿としての人間と人間による〈大地〉の支配――が論理的に結びついていると考える。「支配は神の似姿においてのみ基礎づけられる[87]」。こうした主権の図像学によれば、人間が権力をまったくもてなくなるには、神との類似から離れるだけでよい。主権は神の似姿（imago dei）によって条件づけられる。それゆえ「似姿を歪めて御覧なさい。あなたは法を破壊することになるのです[88]」。しかし、どこにこの歪みは認められるのだろうか。神の似姿にはそれに相当すると認められるものとして「自然理性」がある。したがって「歪んだ」民族は、合理的な生活規範を有する人々と生活様式を異にする。このような隔たりがあるため、彼らは主権を喪失するだけでなく、諸民族から除け者にされてしまう。「こうして我々は、名ばかりの民族が存在することを理解する。この民族は権利を有さず、たんなる群れであり、わらわらと群がっているだけなのである。法の外に置かれ、いくつもの国の市民法から締め出される特定の人々がいるのとまったく同じように、法の外に置かれ、自然法から締め出される民族が存在する[89]」。

実際にはここで、二つの観念が結びつくのが見られる。それはこれまで並置されたかたちでしか見られなかったものである。セプールベダにおいて、先住民は先天的奴隷という概念に対応する存在だが、他方でその風俗が非人間的だとして共通の法から締め出される存在であった。ところがここでは、神の似姿との隔たり、あるいは自然法との隔たりこそが、先天的奴隷という概念を修正する内容となる。二つの観念は互いに結びつき、今や前者〔先天的奴隷という観念〕は後者〔神の似姿や自然法から隔てられる人々〕によって定義される。つまり、人間本性の法学的・神学的定義から逸脱する人々は本性からして奴隷なのである――こうした人々は、〔人間本性の法神学的定義と〕齟齬をきたすがゆえに法の外に置かれるのだ。

奴隷と追放刑に処された者、被支配者と被追放者、法の外に置かれた者と隷属状態に置かれた者、これらのカテゴリーは、政治的合理性の面で異なる二つの体制から受け継がれながらも、融合しようとしていた。しかしこうした概念の改鋳《かいちゅう》は、ここでもまた、事実に対応した諸実践の結合を表現していた。すなわち、奴隷狩りと狼男狩り、獲得するための狩りと追放するための狩り、支配するための狩りと根絶やしにするための狩りは、新世界征服において結び合わされるのである。

　こうしたカテゴリー上の綜合は、新たな獲物の概念を構築することに対応していた。この概念によって、それまでとりわけ海賊に対して用いられていた「人類共通の敵」という観念が征服すべき民族にまで広げられたのである。それは、自然に反する民族と同一視された敵を追放する行為だった。[90] 先住民は人食いであるという理由で、「こういってよければ、自然法によって簒奪可能となる彼らの領土に侵略し、彼らを殺害したり追放したりする大義がスペイン人に与えられた[91]」。司牧による追放の図式が再び取り上げられるのだが、この図式は、世界規模に拡大され、人間性から追放された者を世界の至るところで狩ることについての理論的母体とされるのである。

　獲物は、このように定義し直された結果、もはや本性上劣っているというだけでなく、本性からして法の外にいるともみなされる。したがって、獲物が本性上劣っているという定義から、獲物の隷属状態が正当化されるとしたら、獲物が本性上法の外にいるという定義から、獲物を根絶やしにすることが命じられる。生まれつつある帝国主義は、このような基礎を再び土台として、法律上、絶対的な敵対性をもった権力を受け入れ、征服にとどまらず虐殺にまで至ることになったのである。

　ゼベダエウスの演説は、文明化された民族同士の好戦的な団結への訴えで締めくくられた。「我々（中略）キリスト教徒には、（中略）この世のあらゆる世代が同じ二人の人間を出自にもつと啓示されている。我々、と私がいうのは、いかなる民族も他の民族とまったく無縁なわけではないということを認めなければならないからである」。彼は、「私は人間であり、人間に関わることであれば何でも自分に無縁だとは思わない」というプビリウス・テレンティウス・アフェル〔(およそ紀元前一九〇年～一五九年)ローマの劇作家〕の言葉を引用し、こうつづけた。「このような暗黙の同盟や連合が存在するのも、必ず目的が存在するからである。(中略)同盟は次のような人々の一団や群れに対抗して率いられる。完全に自然法を失い、その肉体と気質に凶悪なものを抱え(中略)、人類に共通の敵や侵害行為として数えられ、人間本性にとって恥ずべき汚辱に塗れた存在として考えられる一団や群れである。このような人々に対峙すると、どんな民族も彼らを恨み、抹殺したくなる」[92]。

このテクストは、その暴力性だけでなく、その筆致に矛盾があるように見える点でも驚くべきものである。矛盾というのは、人間主義《ユマニスム》の根本原則を引き合いに出して、人間性《ユマニテ》の欠落した人々を戦争によって服従させるという訴えを正当化しようとしているからである。こうして、人間主義と人間狩りの関係についての問題が提起される。というのも、人間狩りはこれまで人間主義の語彙において十全に正当化されているからである。

カール・シュミットは、この緊張関係が見かけ上のものでしかなかったことを示そうとした。正戦論は、征服者が他より優れた人類《ユマニテ》だとする特殊な人類概念から派生した議論、すなわちアリストテレスに着想を得た議論から、別の議論へと移行しつつあった。征服者の絶対的な人間性《ユマニテ》に関する議論への移行である。この人間性は、征服者の敵の人間性を除去すべく表明される。それゆえ敵は非人間性のうちに打ち捨てられ、際限なく暴力を受ける対象となる。[93] 人間主義は、人を殺すために人間性を除去することを自ら担う。「ザミュエル・フォン・プーフェンドルフ〔一六三二〜一六九四〕自然法と国際法を専門とするドイツの法思想家で、倫理思想の領域でも多大な貢献を果たした」は（中略）、人肉を食べるという理由で、先住民を例に、特定の民族が「その本性から追放」されるというベーコンの言葉を引用し、賛意を寄せる。いずれにせよ、北米の先住民は実際に絶滅させられたのである[94]」。『大地のノモス』では、シュミットはさらに議論を進めて、セプールベダとベーコンに関して、次のように付言する。「人間主義者と人道主義的なものがこのような非人間的な論拠を主張するということは、決して背理ではない[95]」。したがって「人道的イデオロギーの差別的分断の力」があるといえよう。それによって、人間性への政治的な準拠は、自らの敵対する分身として非人間性を割り当てることを必然的に含意することになる。こうして人類の名において戦うことは、敵を脱人間化し、絶滅へと導く論理のうちに置くことを前提とするようになる。

しかし実際には、シュミットの隠された主張は、啓蒙主義に対する反動的な批判という、彼の師といえるドノソ・コルテスから借用した古いテーマを巧妙に再解釈しながら、次のように述べることにあった。「絶対的人間性という擬似宗教は、非人間的な恐怖政治への道を開いたのだ[96]」、と。逆説的にも、人間主義という普遍主義的イデオロギーこそが、先住民の虐殺を先導し、後世に生じたあらゆるジェノサイドの論理的母体となった。それゆえ、このイデオロギーが最終的にこうしたジェノサイドの論理の歴史的責任を担うというわけである。これは、ジェノサイドの論拠を〔人間主義という〕差出人に返送するついでに、破滅的な傾向を有するナショナリズムや人種主義については問題なしとして通すやり方である〔ここで使用されている郵便の比喩が前提とするのは、第二次世界大戦後にシュミットが、連合軍によってナチズムの御用学者として「人道」の名のもとに裁かれたという文脈である〕。付言すれば、これは、一九五〇年に元ナチス党員によって展開され、その十全な歴史的意味をもつテーマである。シュミットの戦術的手腕は、旧来の仕方で反動的な立場から人間主義を批判しているにすぎないのだが、あたかも帝国主義を批判しているように見せかけることにある。ここで「人道的イデオロギー」の論理的帰結として提示された先住民の虐殺は、彼の命題に最適な歴史的確証を与えるものとみなされるのだ。

ところが、シュミットの分析には、時代錯誤という瑕疵があることの他にも——セプールベダも、ベーコンが「献身的なカトリック教徒」の役で登場させる登場人物も、どんなかたちであれ、絶対的な人間性の世俗哲学を支持する者たちとは同一視できないのであるから[97]——、次の重大な過ちが犯されている。実際に彼が書くこととは逆に、プーフェンドルフは、ベーコンおよびゼベダエウスが正しいとするどころか、明らかに異論を唱えているのである。「私は、イギリスの著名なベーコン卿がいうことにも同意することができない。つまり、偽りの神々に〈人間〉を生贄として捧げたり人肉を食べたりするアメリカ人の慣習は、このような〈民〉に対して、〈本性〉から追放された人々に対してと同様に、〈戦争〉を布告するのに十分な理由になるという主張には同意できない[98]」。興味深いのは、こうした拒絶よりもその理由である。ジャン・バルベイラックは、プーフェンドルフのテクストを注釈して、次のように説明する。プーフェンドルフが敵の風俗の非人間性を論拠にした議論を拒絶するのは、彼が「ここで多くの戦争の正当原因のなかから、自国を侵害しない犯罪行為の罰則を暗黙のうちに除外している」からである。[99] したがって、問題となっていたのは、――後述する――この時期の論争に登場する人物全員が共有していた一般的な地平であるキリスト教ヒューマニズムというよりも、刑罰に関するある種の論理を戦争法に拡大適用することなのである。

セプールベダにおいても、ベーコンにおいても、キリスト教ヒューマニズムの普遍主義は、刑罰権のなかで精緻なものになった追放の形式を世界規模で一般化するキャンペーンの役割を果たした。このことから、帝国の主権を人類の警察とみなす基礎が打ち立てられることになる。つまり、敵は犯罪者として示され、戦争は犯罪者を罰する行為として正当化されたのである。しかし、戦争を論じるなかで敵を犯罪者とみなすことの問題は、そこから遡って法の外に置かれた者を追放する問題に、すなわち主権による排除のメカニズムのなかで法の外に置かれた者を脱人間化することに関連づけられていた。それゆえ、敵を犯罪者とみなすことに対する根底的な批判は、その前提として、刑罰哲学に則って被追放者を敵とみなすことに対する批判なしにはありえない。したがってこの点で、人間主義が有罪を宣告された者の脱人間化を正当化することに役立つことができたのは、人間主義が、歴史的に、死刑をはじめとする刑罰に対する批判の基礎ともなったからであり、それは有罪を宣告された者の脱人間化に彼の人格の侵すべからざる人間性を対置しもしたからである。まさにこの種の人間性概念の葛藤をはらんだ使用こそ、シュミットが議論のなかで巧みに避けようとするものである。シュミットは、人間主義の言説がまるで帝国主義の構成要素に還元できるかのように論じる。おそらくこのような同一視《アマルガム》は、彼が導こうとする政治的論証に必要なものである。しかし、この論証によって彼がたどり着くのは――要点はここにある――、彼が別のところで見定めた人間主義の弁証法を歪め、人間主義という言葉が有する歴史的な使用法の複雑性を考慮することのできない、不十分な解釈しか提供できないという帰結である。

したがって、パルトロメ・デ・ラス・カサスがセプールベダに反駁し、[100]先住民を「人間理性が剥奪された獣であり、狩ってもよい獣であり、野生動物と同じように狩りの対象とすることのできる獣[101]」と形容することを拒否するのもまた――どちらかといえばおそらく結果としてそうなったのであるにせよ――、キリスト教的ヒューマニズムの道徳的規範ゆえにである。「キリストは、彼の唯一の教えが「隣人愛《シャリテ》」と呼ばれることを望み、この教えが例外なく万人に与えられるべきものであるとした。「ここにはギリシア人も、ユダヤ人も、割礼を受けた者も、受けていない者も、未開人も、スキタイ人も、奴隷も、自由人も存在しない」。（中略）したがって、真理やキリスト教の隣人愛に疎い哲学者「アリストテレス」が、賢人は未開人を野生動物のように狩ることができると書いているとしても、なぜ未開人が殺されなければならないのか、もしくはなぜラバのように残酷でつらくきつい重労働に従事させられなければならないのか、そのためになぜ賢人に追い回されて捕獲されなければならないのかについては、皆目見当がつかない。アリストテレスを追い出そう。永遠の真理たるキリストから、我々は「汝自身を愛するように、汝の隣人を愛せよ」との任務を委ねられたのだから[102]」。

ラス・カサスの筆において、人間性は独占可能な本質的属性（我々こそが本当の人間である）ではもはやなく、隣人愛の原理と無条件に結びつけられた行動原則である。つまり、人間性を体現するには、人間であるだけでは不十分である。何といっても、人間的に行動する必要があるのだ。[103]それゆえ人間性は、誰かを排除する因子として現れるのではなく、逆に、弁証法的にこうした排除を拒絶するものとして定義される。言い換えれば、人類から人間を排除する者こそが非人間なのである。人間と非人間の関係性がこのように再定義されることによって、人間性概念の政治的利用は、ここで先述した帰結とは正反対の帰結に至る。[104]つまり、理論的かつ実践的に敵を脱人間化することは、人間性概念のありうべき政治的使用のひとつでしかないのであって、それが唯一のものではなくなるのである。

以上のように、「人間主義」が、ある種の論理的必然性によって虐殺に至ったのではない――その証拠に、「人間主義」は同じ論理的必然性によって虐殺に反対したのである。人間性は相反する諸力を担う政治的概念なので、この概念は歴史的関心の的になりさえする。このことはまた、人間性概念が、アメリカ大陸の植民地化に関する論争の両陣営によって用いられたことを説明する。両陣営というのは、人間性の名において先住民狩りを要請する暴力的な征服の支持者たちと、同じ人間性の名において征服を非難する先住民の擁護者たちである。

この概念の観念論にふけるというのでなければ、人間主義は、実際にいまあるものとして、またかつてあったものとして、言い換えれば、歴史の統一的主体としてではなく、論争の闘技場《アリーナ》として、つまり敵対するさまざまな立場を表すことのできる共通言語として考えられなければならない。とはいえ、ここに大きな発見はない。同じ一つの言説が、前線の両陣営で用いられ、ひっくり返され、前線を掌握する勢力に応じて、相反する政治的意味になることがあるというだけの話である。モーリス・メルロ＝ポンティが想起するエピソードによれば、サン＝ドマング〔現在のハイチ共和国で、一六五九年から一八〇四年にかけてフランスの植民地であった〕の反乱時に、奴隷の反乱を鎮圧したボナパルトのフランス軍は、城塞の向こう側から反乱軍が自分たちのように「いざ行かん《サ・イラ》」〔フランス革命時の流行歌〕を歌うのを聞いたという。両陣営は、死を賭した戦いのなかで対立しながらも、同じ歌を歌っていたのである。このエピソードはいわば、概念や「価値」がそれらを担う人々なしでは評価することができないということ、また、概念や価値の政治的影響が分析的にそれらを定義することから派生するのではなく、それらが対立する諸力によって再解釈されることを争点にするということを告げている。[105] 勢力が対峙することによってのみ、概念に政治的意味、言い換えれば立場が付与されるのである。方法論の面で、ここには、原則を抽象的に分析するだけで満足するのではなく、原則の使用法を区別し、「社会を共に作り上げる」人間を選択することが含意されている。

　したがって、これこそが、人間主義の諸用法を同一視し区別しないことで、シュミットが知らないふりをするものである。結果として、シュミットの分析では、政治的な人間主義をめぐる解釈の複数性のみならず、人間主義を原因としてそれを競って再領有しようとする複雑な駆け引きもまた考察することが禁じられる。事実、普遍主義を帝国主義的な側面に単純化することは、普遍主義を人々の解放《エマンシパシオン》に向けて使用するのを禁じること――これが反動的な批判者にとってつねに争点であった――を求める。

したがって、これまでのことを要約し考察するならば、新世界の広範な人間狩りは、伝統によって受け継がれた狩猟権力の三つの重要なモチーフを結びつけなければならなかった。すなわち、先住民は、奴隷として獲得されるだけでなく、臣下として服従させられ、法の外にいる者として追放されるのである。

しかし、こうした暴力は、一義的な政治的人間主義から論理的に帰結されたものではなかった。もっと平たくいえば、それは、広い範囲で乱暴に経済領域を横領する運動、すなわち金と領土を飽くなきまでに渇望する欲の現れであった（だが、すぐに見るように、この現れは唯一のものではない）。同時期に、大西洋の反対側では、別の狩りが始まっていた。この狩りも同じ動機を有していたのである。

# 第5章　黒人狩り

原住民を奴隷に変えること（中略）、アフリカを黒い皮の狩猟のための商業的な飼育地に転換すること、これらは資本主義時代の夜明けを知らせる原始的な蓄積の牧歌的な方法である。

マルクス『資本論[106]』

一人のアフリカ人の命などいくらでもない。我々はハンターたちが砂漠で捕まえる獲物、なぐさみに殺される獣のようなものだ。

オトバ・クゴアーノ『ニグロの交易と奴隷化についての省察[107]』

一四四〇年、ポルトガル人アントワーヌ・ゴンザレスがギニア湾沿岸へ派遣された。「そこでの仕事は、アザラシの毛皮を積み込むことだった[108]」。ある日、彼が一〇人の手下と陸へ上がると、「二本の槍を携え、ラクダを引いている裸の男を発見した。モール人の男だった。男は恐怖にとり憑かれ、なんら抵抗を示すことなくなすがままに囚われの身となった[109]」。船に戻り、旅をつづけるうちに船長は他の原住民と出会った。そのなかにいた一人の女を彼は捕らえた。この二人の捕虜は、おそらく「この沿岸でポルトガル人の手に落ちた最初の住民だった[110]」。この最初の成功に味をしめた彼は、さらに多くの手下を連れて陸に戻った。「夜の暗がりのなか、彼は別のモール人たちに出会った。彼の手下は、この野蛮人どものすぐそばまで近づくと、素手で彼らを捕まえた。わかったのは彼らが裸であり、自分たちと違う言語を喋っているということだけだった。三人を殺し、一〇人捕らえると彼らは船に戻った」[111]。この時代から、ポルトガルの船舶は新たな商品を積んで帰港しはじめた。バッファローの革や「ダチョウの卵」と一緒に船倉に入れて、彼らは囚われの身となったアフリカ人たちを積荷としてもち帰るようになった。ヨーロッパに戻ると、彼らはこの戦利品を陳列した。『旅行記大全』が語っているように「誰もが奴隷たちが有する肌の色の素晴らしさを称えた」[112]。

ニグロ狩りはすでに始まっていた。しかし、それが大規模なものとなるには、アメリカ大陸の「発見」と三角貿易の爆発的な進展、つまり環大西洋資本主義の形成を待たねばならなかった。

一六世紀初頭、コンゴ王ンジンガ・ムベンバはポルトガル王宛の長い書簡をしたためた。まだポルトガル王に「貴兄」と呼びかけていた頃だ。手紙のなかで王は、ポルトガルの奴隷狩りが自分の領土で活動していることに苦言を呈する。「商人たちが、我が臣民、この国の子供たちや我々の封臣だけではなく、身内の者までを毎日さらってしまいます。盗人や外道が彼らをさらっているのです。垂涎の的となっているこの国の商品を密輸することが目的なのです。彼らは我が民を誘拐し、売り払っているのです。このような退廃や逸脱が横行しているせいで、我が国からほとんど人がいなくなってしまっています」[113]。もちろんのこと彼の陳情は無視された。アフリカ人たちの抵抗にもかかわらず、奴隷貿易は盛んになるばかりだった。

こういった探検家たちによる略奪や散発的な誘拐の段階を経て、徐々に組織立った調達システムが形成された。武力と金を使いながら、ヨーロッパの支配者たちはアフリカ現地の権力者の協力を取りつけた。軍事同盟が結ばれ、それによって捕虜と武器が交換された。まもなく、これら局地的な合意は体系化された商業的なパートナーシップという形態に発展した。それにしたがい、奴隷貿易は料金表や奴隷の集積所をつくり、またそれにまつわる儀式儀礼が形成された。需要の高まりは止まることを知らず、人間狩りは絶頂期を迎えたのである。

コンゴでは、「ポルトガル人たちに頼まれた商品が、もはや自分たちの縄張りで見つからなくなった」とき、奴隷調達人たちは活動範囲を広げ、ありとあらゆる暴力を行使した。それは「そこそこの人数からなる味方の原住民の武装集団によるものであり、彼らは無抵抗な村や孤立無援の一族を攻撃したり、猛禽類さながらに森に食料を探しにきた個体を狩り出したりした[114]」。ヨーロッパの商人たちは、アフリカの民たちを絶えざる戦闘状態に引き込んだのである。カボロ・イコ・カブヴィタがはっきりと述べているように、それは「伝統的な戦というよりは人間狩り[115]」のかたちをとった。〔現アンゴラの〕ベンベ地方では、人間を狩る者は、自分が所有する家畜の群れを罠の餌として使っていた。草地のうえに敷物を引き、家畜泥棒が現れるのを待って逆に捕まえるのだ[116]。

厳密な意味における狩りとは別に、奴隷の入手方法として、借金のカタにはめたり刑罰として奴隷身分に落とし込んだりすることもおこなわれていた。他にも「掌握行為」というものがあり、これを旅行者のグランプレは「売られる人間を捕まえる行為、（中略）すなわち王族が自分以外の身分のあらゆる人間に対して有していた権利[117]」と定義していた。獲物になりそうな人間に目星がつくと、彼らは「たいていはブランデーを飲ませてやるというものだったが、適当な理由をつけて[118]」、その人物をヨーロッパ人たちに引き合わせた。すると商人は直に判断を下すことができた。購入を決めると「命令を受けた者が犠牲者に近づき、獣のように襲いかかっていくのだった[119]」。

ヨーロッパ人が自分で狩りをする必要は、すぐになくなった。アフリカ社会のなかにある支配関係を操りながら、仕事を地元の仲介者に委託したのだ。アフリカ人の調達者とヨーロッパ人の発注者からなる分業体制は、ヨーロッパ人の目から見て利点だらけだった。というのも、この方式だと、狩りという骨の折れる仕事から解放されるうえに、定期的な供給が確保できたからだった。あらゆる協力《コラボラシヨン》の政治がそうであるように、支配地域のリーダーを腐敗させること――それができなければ服従させること――がその戦略だった。

捕獲という調達業務の委託は、奴隷制支持者たちの言説において、責任転嫁を兼ねることになった。アメリカ先住民の事例のように、原住民狩りを正当化する必要が金輪際なくなったのだ。もはや原住民に狩りを命じるのではない。なぜなら、彼らが率先してその仕事を引き受けてくれるのだから。それゆえアフリカ人が奴隷なのは、それは実際のところ自分たちの所業のせいなのだ。これこそ、「暗黒大陸」についての帝国主義者たちの言説において始終目にするありふれた主題である、アフリカ人に罪を着せる論法だった。それにしたがえば、アフリカに赴いたあるフランス人宣教師が一九世紀に主張したように「最初の加害者たちはほかならぬアフリカ人自身だった[120]」となるわけである。

後にみるように、この論法は、歴史のなかで複数の解釈を生み出し、いまなお流通している。しかし、それを使う当事者たちは、自分たちがそのようにして奴隷制支持者たちの言説にある使い古されたモチーフの一つを反復しているにすぎないのだが、そのことを理解しているようには見えない。一八世紀以来、奴隷制廃止論者たちによって、この論法はその正体を暴露され、ことあるごとに論駁されているにもかかわらず。

歴史・民族誌学的な解釈においては、この論法は奴隷狩りをアフリカの地域的な伝統として紹介するというかたちで作用している。環大西洋奴隷貿易は、ただその伝統の延長線上でおこなわれたにすぎなかったかもしれないというわけだ。この論法は必要に応じて、奴隷貿易が囚われの身になった者たちを待ちうける運命を相対的に改善させたかのように見せかけたりもするのである[121]。一八世紀に入るとアントワーヌ・ベネゼが、近世における奴隷制度に対する今なお最も激烈なものに数え上げられる告発において、逆にこの二つの実践は根本的に断絶していることを主張した。つまり、「戦争をして捕虜を売り払うさまざまなニグロたちの国における事例が我々の目に入るようになったのは、ポルトガル人たちが暴力によってアフリカ大陸の原住民たちを奴隷にするという実践を始めてからずっと後のこと」にすぎないのであり、「ヨーロッパ人が、この惨状の主たる原因なのだ[122]」と。ミラボーは議論を経済の方へと広げた。「これらの戦争の原因をアフリカ人の風習に求めることなどできようか。理性がヨーロッパ人たちの貪婪さによる獰猛な産業のなかにその原因を見つけているというのに。これら唾棄すべき戦いへと駆り立てる我々の情熱の証では十分ではないとでもいうのか。(中略) 奴隷商人たちが実在しているのに、売り手は存在しないなどという理屈がまかり通ろうか。人間狩りに出かけたり、市場で人間を買ったりするには、どれだけの残酷さがさらに必要であるというのか」[123]。ミラボーは奴隷商人の論理そのものに立脚していたのだ。市場の存在が捕獲に――時系列ではなく論理的に――先行し、需要が供給に先行するため、奴隷狩りの発展において中心的な役割を担っているのは、まさにヨーロッパにある会社の商業活動なのである。

黒人が奴隷にさせられ、地球上のあらゆるところで白人の餌食になったことに関しては、さらに別の論法で説明を与えられることになる。交易が黒人に限定されていた原因は何か。一つの答えが編み出された。「黒人種の劣等性ゆえに、おそらくこの途方もない奴隷交易が生まれ、ブラック・アフリカがその尽きることを知らぬ供給源となった」と[124]。さらにそれは「アフリカ人種の不幸の原因のすべてをヨーロッパ人の奴隷商人に帰せた者の見解を切り崩す」一つの説法となった[125]。ここには、アフリカ人に責任を負わせる古典的な論法が再び見られるが、それは人種理論の決定論的な論理のなかで再編成されたものである。

もちろん、真実は別にある。一八世紀、セネガルのある商館長は以下のように述べている。「この地方は人口が多く、土地も肥沃であり、住民たちが勤勉な態度を示しているならば、彼らは自身の生産によって外国人たちとかなり割の良い商売ができていただろう。彼らが出しぬかれる恐れのあるものなどほとんどないのであるから」。「しかしながら、ヨーロッパ人たちがこの秘密を彼らに間違っても教えてやることなどないように願いたい」と彼はつけ加えていた[126]。

人種主義者のイデオロギーも、独自の方法でこの「秘密」が決して暴露されないように絶えず見守り、社会経済的な諸関係を人種的なコードのなかに隠し込むことに躍起になる。結局のところ、かなり奇妙な認識論的な転換をおこない、ヨーロッパの資本主義的生産様式とアフリカ社会の接触からまさに生じつつある歴史的対立を説明する仕事は、一八世紀末からこのかた動物学者や博物学の専門家に委ねられているのである。

数世紀ものあいだ、アリストテレスの影響下で、学者は自然に基づく奴隷を識別するしるしを探していた。近代の学者たちがついにそれを発見するが、実際のところ造作もないことだった。「そもそも自然は、古代人たちよりも現代の支配者たちに都合よくできている。肌の色は誰もが見紛うことのないしるしであり、新世界の最良の部分として、アリストテレスを悔しがらせるような無謬の判断基準を与える」[127]。人種理論は、先天的奴隷という昔ながらのカテゴリーに擬似科学的な根拠を与えることになった。その文脈では、ヴィトレーが要約したように、アフリカ人の先天的属性の問題は、「動物学だけではなく政治学にも同様に結びついている」[128]と認められた。

以上のように、帝国主義者による人種主義という画期的な理論の発明は、つまるところ、社会関係を動物学的に捉えることだった。さまざまな動物種のあいだにある関係性が、民族間の関係を考えるための特権的なモデルとなったのだ。まさにこのような用語に基づいて、奴隷制支持者による捕食が説明されると同時に正当化もされたのである。この説明モデルは劣等人種に改善可能性の余地を残すものの、それはあくまでも人種間のヒエラルキーの厳格な枠組みを保持したうえでの話にすぎない。つまり、一九世紀のフランスの博物学者があけすけに語っていたように、「プードル犬を猟犬に育て上げることができないように、ニグロたちをプラトンやアリストテレスのような人間に仕立て上げることなど決してできないのである[129]」。

アフリカ人を対象とするこうした奴隷制度を人種的に理論化することによって、以下の二つのテーゼを結合することが可能になった。つまり、黒人自身が本質的に自らの隷従に責任があると同時に、まさにそれだからこそ黒人には何もすることができなかった、というものである。こういったわけで、内因性に原因を求めた場合一〇〇パーセント黒人に隷従の責任が帰せられるが、その原因を黒人の本性そのものに求めた場合は、彼らの責任はまったくなくなってしまう。意味合いは異なるものの、この考えはヨーロッパ人にとっても価値のあるものだった。つまり、ヨーロッパ人は、犯罪行為を遂行しながら、人種的優越性が自らのうちに刻み込んだ捕食本能にひたすら身を任せつづけたのだった。責任を免れているがゆえのアフリカ人の責任という逆説的な論法は、道徳哲学と政治学の領域においてさらにいっそう巧妙な定式を呼び込んだ。

犠牲者を非難することである。侵略者や加害者にとって最も古くからあるおなじみのやり口だ。あいつらが悪い、というわけである。犠牲者は襲われたのではなく、そうされるように仕向けたことになってしまう。自分に加えられた暴力、それは実際のところ犠牲者自らが招いたものとされる。最悪の場合、こんな風になすがままになったという事実自体――実際は、犠牲者に選択の余地がないことはほとんど問題にはならない――が、ある意味、犠牲者がそういった境遇にふさわしいことを十分に裏付けることになる。ヴォルテールが奴隷売買について文章を書いたときに依拠したのは、まさにこの論法だった。「このビジネスのことで我々を非難する者がいる。つまり、子供たちを密売する人々はそれを買う人々より責められるべき存在である、と。しかし、この商売は我々の優越性を証明しているのだ。自分の主人を迎えいれる人間は、主人をもつように生まれながら定められているのだ」[130]。そしてさらに詳述する。「ある種の人間たちは奴隷にふさわしいということがいえるのは、それは吝嗇家こそ盗む相手にふさわしいなどとときおり耳にするセリフと似たようなものだからである」[131]。先天的奴隷というアリストテレス的な論法が、ここに瑕疵と責任の理論の枠組みのなかで再解釈されたかたちで見いだされる。つまり、自身の隷従の原因〔agent〕を作り出す人間こそが自然に基づく奴隷である、というわけだ。しかし、ヴォルテールはただちに次の修正をつけ加える。「それでも、他の人間の弱さや臆病さを利用して隷従へと落としこむ者に罪がないというわけではない（中略）これらの犯罪はヨーロッパ人たちの仕業であり、彼らこそが黒人たちにそうしたい気持ちにさせ、実際にそれをおこなった者たちに金を払ったのである。ニグロたちは、ヨーロッパ人たちの共犯者や道具にすぎず、真に咎められるべきはヨーロッパ人たちの方である」[132]。

この表面上の矛盾の背後で、実際には、二つの説ははっきりと異なる二つの有罪性の概念に依拠している。その二つの概念とは、道徳的責任の概念と刑事責任の概念である。刑法上は、盗人のみが訴追の対象となる。というのも、能動的に犯罪をおこなうのはこの人物だからである。しかしながら、不注意であれ不品行によるものであれ、いわば盗難を呼び込んでしまうような人間も、またある意味で、たとえ法律によってその犯罪行為の責任が彼に帰せられないとしても、さらに罪を負うべき存在となる。これが犯罪を呼び込む振る舞いという考え方である。ヴォルテールが読者の頭のなかに吹き込もうとしたのは、まさにこのような思想だった。

たとえ、最初は相反するように見えたとしても、これら二つの肯定命題は、実際には背景にある同一の命題に収斂していく。彼ら固有の従属性の能動的主体だろうが、ヨーロッパ人の掌中にあるたんなる「道具」としての受動的な補助者だろうが、いずれにせよアフリカ人は、根源的な劣等性を運命づけられる立場に置かれているのである。最初のうち、アフリカ人は能動的な主体や行為主体として認められている。そうはいっても、奇妙な方法で、である。この主体性は、彼ら自身を隷属化する主体にうまく仕立て上げるためだけに、ほんの一瞬彼らに付与されるにすぎないのだから。彼らの自律性は、売り物であるがゆえに、自らの自律性を否定することでしか存在しない。しかし、次の段階になると、この最小限の行動力そのものが、今度は否定される。つまり、アフリカ人たちはヨーロッパ人の共犯者である限りにおいて、事実上自身の隷属性の行為主体でさえもないことが明らかにされるのである。要するに、自分の意志とは無関係の意志を甘受するだけの道具になる。ヨーロッパ人こそが、アフリカ人を通して、アフリカ人がすることをアフリカ人にさせるのである。最初の段階で想定された劣等性は、次の段階で再構成されることになるだけではなく、協力形態も含めていかなる行為能力さえも否定するまでに先鋭化されている。最後にヨーロッパ人の責任を認めるという口実のもと――もっともどうやっても否定できるものではないが――、実際のところ論証はアフリカ人たちには罪がないのではなく、責任能力そのものがないという主張へとたどり着く。この根源的な責任能力の不在は、民族的な序列にある本質的な劣等性と結びついたものだ。アフリカは絶対的な非主体となるのである。

奴隷制度の責任の所在を問うこの方法は、犠牲者のジレンマと呼ばれるものに帰着する。アフリカ人たちに行為の自律性を認めた場合、この自律性を自分が疎外されていることの動因とし、自分自身を加虐するものとみなさなければならなくなる。他方で、アフリカ人を純粋な犠牲者、つまりヨーロッパ人のたんなる客体と定義した場合は、彼らは行為能力を否定される。第一の場合、彼らは奴隷売買の共同責任者とみなされる。第二の場合では犠牲者と認められるが、同時にその事実によって自律的行為能力をもち合わせていない存在とみなされる。それゆえ、自らを解放するいかなる固有の能力もまた、彼らには与えられていないことになる。この二律背反が影響力のある論理的な陥穽となり、そこに絡めとられてしまった人間を完全なる政治的な袋小路へと追い込むことになるのである。

問題はもちろん、抑圧された人々に有罪の意識を抱かせることが、どうしてアフリカ人に政治的な主体性を認めさせるための必要な条件になるかである。ここには一つの思い違いがある。つまり、奴隷が自らの解放に責任があると承認されるのは、その務めが奴隷に帰せられるという意味においてである。しかしこのことは、奴隷が自らの抑圧を望んだとして、奴隷側に抑圧される責任があるということを前提にはしていない。被抑圧者たちに奴隷となった歴史的責任を負わせることによって、解放の務めを被抑圧者に帰す思想は詭弁である。

しかしながら、啓蒙主義哲学が道徳的な二律背反として提出したこの問題は、もうひとつ別の思想のかたちに組み込まれることになる。このスタイルの変化はヘーゲルの筆によってもたらされたものだ。

主人と奴隷の弁証法を思いだそう。つまり、奴隷が奴隷であるのは、彼が自由を守るために死と対峙することよりも、隷属のなかで生きることを望んだからという論法である。それゆえ、ある意味で彼がその状態を選んだともいえるのである。つまり「誰かが奴隷であるという事実は、彼自身の意思によるものである。それは、人が自らの意思で人民として隷属した存在であることを選ぶ状況となんら変わることはない。それゆえ不正は、他人を奴隷身分に落とし込んだり、抑圧したりする者たちの側だけにあるのではなく、奴隷や抑圧された人々の側にもあるのだ[133]」。死を選ばなかったというのであれば、奴隷は、意識の暗黙の契約のようなものとして、自発的隷従の一つのかたちを事実上認めたということになる[134]。「他人が自分を奴隷にするという事実には、つねに法の範疇に属する何かがある。それがなければ、私は死んでいたことだってあるかもしれない[135]」。

こうした奴隷の責任論に関するヘーゲルの再解釈は、時には、逆説的にも解放をもたらす身振りとして提示される。というのも、この身振りは、抑圧に対して被抑圧者による暗黙の同意を認めながらも、その一方で——そして、そこに解放的側面があるとされるのだが——それまで否定されていた意志を被抑圧者に返すからである。このように読解すれば、被抑圧者たちに罪悪感を抱かせることは、自ら再び自由な身分を掌握せよという挑発的な命令として解釈される。奴隷の側に優位を置くことで、ヘーゲルは奴隷の自己解放を考えられるようにしたというわけである[136]。

この解釈は魅力的だ。しかし、ヘーゲル自身の立場に立つならば、私にはこの読みは間違っているように思われる。そのうえ、次のようなテクストには、曖昧さがつけ入る余地はほとんどない。「ヨーロッパ人が奴隷制度を扇動したと非難する者がいる。しかしそれは本当ではない。というのも、その前に奴隷たちが戦で囚われの身になったときに、彼らはしゃぶり尽くされていたからだ。少なくとも現在では、彼らは金銭の対価として人間たちに引き渡されている。ニグロは生来、自由なものとしては存在していない。彼らはその対極にある。奴隷制度が完全に法に悖《もと》るものであるならば、彼らを奴隷の身分から直ちに解放しなければならないだろう。しかし、そうなったならば、フランスの植民地におけるように、このうえなくおぞましい結果を呼び込むことになる。調教によって、ニグロの気質からの解放を彼らに叩き込まなければなるまい[137]」。ここには、アフリカ内における奴隷売買の先行性に関する主張、強制移住された者の境遇の相対的な改善に関する主張[138]、ヨーロッパの歴史的責任の一端を否認することによるヨーロッパの弁護、といったおなじみの要素が再び見いだされる。これにつづくのはヘーゲルの古典的命題である。それによれば、自由とは本性的規定〔生まれながらにある規定事項〕ではない（人は自由に生まれるのではなく、自由にならなければならない）。一点違うのは、ここではこの命題は人種主義的な公準のかたちをとっていることだ。その公準によれば、本性のなかに固着したニグロには、必然的に自由の意識が欠けているというわけである。結局のところ、――そして、このセリフはハイチ革命に関して、この哲学者の立場を明確化するのに決定的な役割を果たす。

というのも、ヘーゲルが「フランスの植民地」に触れるときに参照するのは、まさにこの出来事なのである――、ヘーゲルは奴隷の即時解放という選択肢を拒絶する。それは「おぞましい結果」という理由で、つまり奴隷制度のような強制的な支配体制に対するあらゆる武装蜂起がもたらす政治的暴力を理由に拒絶されるのである。[139] 自己解放にほかならないこの筋書きに、ヘーゲルは自由に関する家父長的な教育学を対置させる。それは、調教すべき、つまり強制によって育成すべき「黒人種」の性質〔le naturel〕についての人種主義的な公準に基づいている。この教育が目指すべきものは奴隷制度の漸進的な解消ではあるものの、それは植民者の指図に従った秩序と規律のなかでなされる。[140] これはトゥサン＝ルヴェルチュールの密かな賞賛者というヘーゲル像から程遠いものだ。

アフリカ人の責任論を自己解放の過程における逆説的な第一の契機として定めるのとは逆に、ヘーゲルは第一の契機を奴隷の政治行動を制限する原則に定める。自己解放などより、ヘーゲルは家父長制の図式に則って徐々に廃止していくという筋書きを好むのである。解放にかかわる政治的責任が黒人奴隷のものにならないのは、まさに隷従のなかで黒人奴隷に割り当てられる存在論的責任に応じたものなのだ。

このようにして行き着く先は袋小路である。というのも、仮にヘーゲルが、命をかけた戦いを選ばなかったということで奴隷たちの側に奴隷制度の責任を部分的に負わせているとしても、他方で彼は、この戦いの政治的選択が具体的に歴史的状況のなかで生じているときに、奴隷にその選択を認めないからである。

このことは後に見ていくように、ヘーゲルが黒人奴隷に政治選択としての命をかけた闘争を認めないだけではなく、このような現象が彼らにとって存在しうることさえも否定しているだけにいっそう根本的な問題を含んでいる。これは指示矛盾の典型的なケースだ。

実際、一方で彼はまずいう。「奴隷にとどまりつづける者たちにはいかなる絶対的不正も成り立ちえない。というのも、自らの自由を手に入れるために死のリスクを取る勇気をもたない者、そんな人間は奴隷になって当然なのだから」[141]。他方でヘーゲルが現実の勇気ある行為、アフリカ人が好む表現を使えば、明示的な抵抗行為、さらにヘーゲル自身の弁証法の用語自体でいえば、隷従の人生からの解放に遭遇すると、彼はそれを否定するようなかたちで次のように再解釈する。「ニグロの人間に対する無頓着さを特徴づけるもの、それは死に対する無頓着さなどではまったくなく、生に置かれる価値の低さなのである。この生の軽視にこそ、桁外れの身体的な力を支えるニグロの並々ならぬ勇気、ヨーロッパ人を相手とする戦争で砲火の下に斃れていった幾千もの彼らをかりたてた勇気の原因を帰すべきなのである。実際、生は最終的に何かに値する地点に達して初めて意味をもつものになるのである」[142]。このようにアフリカ人が生を賭けた戦いに身を投じたときでも、彼らが自由の意識に達し、生に対する感覚的な執着と死に対する恐怖を乗り越えたとされることはない。アフリカ人が戦闘において命を落とすのは、死に対して敢然と立ち向かったことの証しではなく、逆にアフリカ人が生に対して無頓着である証拠とされるからである。ここで再びヘーゲルの人種主義的な公準が表現されている。つまり、歴史から排除され、自然のなかに閉じ込められている以上[143]、ニグロは自由の意識も、そして結果として人間の命に対する価値観ももち合わせてはいない、というものだ。したがって、ニグロが自らの命を犠牲にすることはニグロにとって犠牲的行為にはならない。ニグロは「軽々しく死んでいく」[144]、ヘーゲルはそう述べる。その結果、表面上存在するニグロの勇気は真の勇気ではなく、純粋な無意識とされる。大勢のアフリカ人がヨーロッパ人に対する戦いで命を落とす理由は、ヨーロッパ人が銃を所有するのに対してアフリカ人にはそれがないというような物質的なものではない。アフリカ人が虐殺されるのは、自身の生を自ら軽視するからにほかならない。逆に、よく知られているようにに人間の命というものは、キリスト教で育ったヨーロッパ人の商人の目には大きな価値をもっていた。だが、それはヨーロッパ人の生命が問題になるときだけに限定されていたのである。

このような現実の奇想天外な反転によって、ヨーロッパ人による殺戮は、殺される側の人々自らの命に対する軽視のせいにされる。何が証拠となるのだろうか。証拠として提出されるのは、アフリカで空前の規模にまで広がった奴隷狩りの実践である。すなわち、「人間に対して抱く蔑視の感情、つまり人間に重きを置かない態度がニグロにあることは、ニグロの国では一般的なものである奴隷制度によってはっきりとしている」[145]。こうして、今では我々にお馴染のこうした投影や逆転の身振りによって、奴隷制度支持者たちによる黒人の命に対する蔑視の責は、アフリカ人たちに帰せられるのである。マルクスがヘーゲルについてことあるごとにいうように、すべてが頭のなかで転倒されている。もっとも、一八世紀に奴隷のオットバー・クゴアーノは、このベルリンの哲学者に対して、いわばあらかじめ答えを与えていた。誰が生命を蔑視するのか。クゴアーノは次のように書く。「ニグロを取引する商人」にとって、「一人のアフリカ人の命などつゆほどの価値もない。我々は、狩人が砂漠で捕える獲物であり、気ままに殺される獣なのだ[146]」。

それゆえ、ヘーゲルは死に直面する能力がないとして奴隷にその隷従の責を負わせながらも、奴隷が実際の死を賭けた闘争に身を投じるのを見るや否や、その闘争を無として再解釈することによって否定するのである。しかし、この矛盾した命令の役割は何なのだろうか。奴隷制は、奴隷が勇気を出して生命を賭して拒否すればば存続できないといいながら、実際には奴隷が拒否などするはずがないと踏んでいるのである。その結果、奴隷による抵抗の現実は否定されることになる。家父長制を隠れ蓑にして、逆説的にも被抑圧者に従属の主体的な責任を押しつけながら、現実に実現された別の主体性の形式は隠蔽されてしまう。つまり、アフリカの奴隷解放を目指す粘り強い根気ある意志のことだ。それは、奴隷売買の始まった頃から途方もない量の物語や資料によって証言されている。

したがって、アフリカ人がヘーゲルの弁証法から――それとともに政治的主体性から――完全に除外されているのは、まずはアフリカ人から生や自由の意識を奪う人種主義的な公準のせいである。しかし、この除外の理由には、近代的奴隷制度の経験において打ち立てられる意識的関係の出発点が、主人と奴隷のヘーゲル的な現象学の規範的な図式とは一致しないという面も確実にある。というのも、最初から無差別的な二つの意識が対決する状況などないからである。二つの意識は、自由な対決から支配関係を打ち立てるのではなく、支配関係があらかじめ存在し、すでに一方が追いかけ始めたから

逃亡奴隷狩り（1840）[147]

他方が走り出すといったような状況をつくるのである。次の章でみるように、また別の出発点でまったく別の弁証法が生み出されていたのである。

# 第6章　狩る者と狩られる者の弁証法

主人たちは、彼らを野生の獣のように狩り出して楽しんでいる。（中略）彼らは逃亡奴隷の黒人をこれみよがしに殺した。ヨーロッパで、ダマシカやノロを背後から自慢げに撃ち殺したように。

コンドルセ『黒人奴隷についての考察[148]』

しかし、私自身、哀れなことに自分が搾りとった人々によって殺され、食われることになるだろう。彼らを狩り出していた私が今度は彼らに狩られる番だ。私の血で彼らの血を償うのだ。

ソポクレス『ピロクテテス』

一五世紀、ゴメス・イネス・デ・ズララは『ギニア年代記』において、アフリカ沿岸のとある村におけるポルトガル人の襲撃を語っている。「ポルトガル人は「サンティアゴ！ 聖ジョルジェ！ ポルトガル万歳！」と叫びながら、人々に襲いかかり、命を奪い、ありったけ多くの人間たちを捕らえた。そのとき母は子を捨て、夫は妻を捨て、一目散に逃げようとしている姿が目に入ったはずだ。そこでは、ある者は海で溺れ、ある者は小屋に避難した。またある者は危険から遠ざけることを願って子供たちを海草の下に隠した[149]」。

近代的な奴隷制度の経験のなかで始まる特異なプロセスを把握し、そこで結ばれるさまざまな意識間の関係を記述するためには、出発点に立ち戻ることが必要だ。それは捕獲に先行する追跡競争である。

　指針となる問題は、被食者となる状況における政治的主体性の構成である。このような否応ない状況で、いかにして人は主体になりうるのか。そしてその場合、どのような主体になるのか。狩猟における関係性によって型にはめられて追いつめられた意識は、いかにして被食者という立場を乗り越え、自らの解放へと乗り出すことができるのだろうか。

　ヘーゲル的な図式とは異なり、追跡競争の出発点にあるのは交換可能な二つの意識間の対等な対面などではない。奴隷制における支配構造は、公正な闘争からではなく、人間狩りという、ひと目でわかる非対称な関係から生じたものである。そこでは、狩る側は、行動に移る前の段階であっても、あらかじめ支配者の位置に身を置く。彼は自分の力を知っており、物理的に優位であることを意識している。被食者というのは不意を突かれて襲われる存在であるがゆえに、自らあえて狩る側と対峙するような立場にはない。被食者には何よりも逃げる以外の選択肢はないのである。

　追い立てられる経験とは、被食者にとって、根源的な不安によって構造化される世界との関係を設定するものである。自分の体についての知覚を含め、あらゆる知覚は差し迫る危険へと向けられる。あたりを窺いながら生きること、それは動物の特徴であり[150]、まさにこの意味において狩りは追われる側にあるものを動物化してしまうのである。オラウダ・イクイアーノは、森のなかに潜み、夜の音に耳をすます。「他のあらゆる動物から逃れることができたとしても、人間という動物から逃れることはできないということがわかりはじめた。（中略）このように、私はまるで追いつめられた鹿のようだった。ほんのわずかな葉擦れや呼吸音が私の敵となり、その敵一つ一つが私に死を呼び込んでいたのだ」[151]。

被食者になるという経験は、それぞれが自分の命と引き換えに、身内から切り離され、孤立した個人になることだ。次に、囚われの身に置かれると、絶対的な無力感を味わう。この経験を通じて、恐怖の情景が、主人の全能性の証拠として各々に内面化されるのである。

狩りが済むと後に待っているのは奴隷船への収容である。生死を賭した戦いの第一形態が見られる可能性があるのはまさにこの場所だ。「この地を離れるくらいなら、我々は生きることよりも死ぬことを望んだことでしょう。船を燃やし、一緒に焼け死ぬ計画を立てたのです」[152]。もっとも、ここで述べられているのは、死にさらされることが、戦いに勝ち自由に生きることになりうるような、弁証法が想定する状況ではない。反乱が成功したとしても、大洋のただなかを彷徨する船は、水面に浮かぶ棺桶になるのだから。逃げ場はない。反乱は純粋に英雄的な抵抗の行為なのだ。

この段階で唯一選択可能な自由の形態は、死のなかの自由である。つまり、解放というものを抽象的なレトリックのかたちで解して、死のなかに自由を見いだすことである。奴隷船は、このような悲劇的な選択をせまる空間であるがゆえに、〔奴隷たちが〕逃避できない空間を夢見る主人たちの奴隷支配の方法と範例的な関係にあった[153]。死による自由か隷従による生かというこの「選択」自体、支配システムの一部をなしている。それは被食者にとって、奴隷制が支える権力が選び取らせようとする、受け入れがたい選択肢でありながらも、唯一の選択肢なのだ。隷従か死かというこの二者択一の選択肢は、主人が望んだものだ。奴隷にとって死が自由になる唯一の方法である限り、ことは順調に運びうる。それゆえ、哲学的な思考がこの二者択一を、その起源と機能を忘れ、かつてそうであった事実としてではなく思弁的な要請として扱いつつ、哲学のテーマの一つとして取り上げることは問題含みなのである。つまりこの二者択一は、主人が現実の場で練り上げたジレンマだったのであり、そこで自由になるには死しかなかった。奴隷が死なずに生きているということは、暗黙のうちに隷従に承諾したと解釈される可能性があった。

自由のために命を投げ打つ覚悟をすることは、おそらく真の意味での解放闘争を開始するための必要条件となるだろう。だが、英雄的な自死のみが手持ちの解決策でありつづける限り、この闘争の成功は望むべくもない。〔自由のための闘争の際に〕ヘーゲルは、死をものともしない態度を求めるが、近代の奴隷の状況にそのまま適用したところで、自由についての抽象的な道徳が定式化されるだけで、解放のための戦略が定められることはないのである。

こうした最初の契機における隷従の意識の基本構造、といっても奴隷主が望むような意味においてだが、それは生ける屍として生きるか、または死ぬことで抽象的な自由を獲得するか、それ以外の選択肢のない状態に閉じ込められることにある。奴隷が抵抗するにあたって根本的な課題となるのは、この選択がない状態から抜け出すことであり、押しつけられたこの二者択一の条件を克服することだった。隷従する「生」よりも死による抽象的な自由を求めるのではなく、押しつけられた生ける屍の状態よりも生そのものを求めるのには困難が伴った。どのようにしたら、自死とは違うかたちですでに生きることを否定していた生をさらに否定できるのだろうか。これこそが、奴隷解放の計画が最初の段階でつまずく根本的な問題だった。自由のための闘争と生きるための闘争を折り合わせることは困難なのだ。これら二つの要請は不可分にもかかわらず、その支配システムにおいては、それらは必ず引き離されてしまったからである。

奴隷たち自身は、プランテーションで隷従させられた「生」を「生ならざるもの」として、生きる屍として描写した。[154] 北米のゾンビ映画は、奴隷制度のなかで抑圧された者が回帰する映画として解釈可能だ。主人は、奴隷を殺し、殺した奴隷に再び生命を与え、その後自分の利益のために働かせようとする。[155] しかし、そうすることで、奴隷はまた危険な力を獲得する。『ゾンビの逆襲』〔一九四三〕に登場するある人物が、沼の流砂のなかに主人が飲みこまれる直前に単調な声でくりかえすように、[156]「おまえは私を傷つけることはできない。おまえは私を破壊することはできない。おまえは私を自由に操ることはできない」というわけである。また映画『デッドメン・キャント・ダイ』〔邦題『ゾンビはニュースキャスター』一九九〇〕のスローガンもまた明瞭だ。主人は、奴隷の生を生ならざるものとすることで危険を冒す。死を賭した戦いが選択肢として提示された奴隷たちには、失うものが何もないような状況が作り出されてしまうのである。この「絶対的な主人」である死という武器を奪われた奴隷主に、もはや権威はない。だが、このシナリオは同時に行き詰まりを示してもいる。確かにゾンビたちの反乱は主人たちを打ち負かすものの、支配されていた彼らは幽霊のような自由しか取り戻すことはできない。生きながら死んでいる状態は取り消し不可能なのである。彼らは、抑圧者を片づけたとしても、かつての生、すなわち捕獲される以前の、本当にあった唯一の生の絶えざる喪に服することを強いられる。彼らが獲得できる唯一の自由の形態は、自らがすでに死んでいるとみなすことから引き出す奇妙な力によるものである。この自由は、自由といっても、その抽象的なかたちでしかなく、生ける屍の自由にすぎないのである。

どうすれば生ける屍の生から脱出できるのだろうか。オルランド・パターソンは、克服のためには二重の否定が必要であることを示している。「奴隷にとって自由は、自身の社会的な死を否定することで本当の生というものがやってくると意識することから始まる。（中略）自由と生を組み合わせることは、二重の否定である。隷従状態はすでに生の否定であり、この否定された生を要求する際には、生の否定が否定されなければならないからだ[157]」。しかしながら、パターソンはつづけていう。「自由は二重の否定以上のものである[158]」と。自由とは能動的で創造的なプロセスなのであり、捕獲される前の自由の形態に回帰することなどできないのである。

解放奴隷で黒人指導者のフレデリック・ダグラスは、「黒人殺し」コヴィーとの徒手の戦いについて語った。「喉をしっかりと押さえたので、彼の血が私の爪の間から流れてきた（中略）「このごろつきめ、この俺さまに歯向かうのか」と彼は言った。それに対して私は「その通りです」と丁寧に答えたのさ」。ダグラスは次のように解説している。「私はもはや、自分と同じような塵から生まれた被造物が眉をひそめているのを前にして、ただ震えているばかりの卑屈な臆病者ではなかった。（中略）

わたしはもう死を恐れない境地にまで達していたのだ」。[159]ポール・ギルロイは、ダグラスがこの地点でいかにして「ヘーゲルの権力についてのメタナラティヴ」を転倒させ、「それを解放のためのメタナラティヴに変換した」のかを示した。[160]ダグラスは実際、ヘーゲルにおいて最初に出てくるものを最後に置く。つまり、生命を賭けた戦いは、支配関係の構成要素としてではなく、それを解消するものとして現れるのである。ヘーゲルのテクストを革命に使用する際につねに繰り返されるこの配置換えは、『精神現象学』を蜂起の理論とするために、この書が提示する図式それ自体を覆すに至る。ヘーゲルが、奴隷の労働と規律を、支配の内的な超克を実行に移すものとした——こういった考えは、先にみたように、ヘーゲルの政治的立場、つまり家父長的な奴隷廃止主義者の立場と完全に一致した——ところで、奴隷は別の道を示したのである。

この新たなシナリオにおいては、自殺しようが幽霊のごとく生きようが、死による抽象的な自由だけが戦いに決着をつけられるとは限らない。別の可能性への道が開くのである。死の危険への対峙を媒介することによって生のなかに自由を見いだす可能性、もともとのヘーゲルの説との関係において配置換えが想定されてはいるものの、逆説的なことに正統派ヘーゲル主義が生んだ可能性である。つまり、死の危険と対峙することを媒介としつつ生のなかに自由を見いだす可能性である。[161]ただし、それでもやはり弁証法的運動の機能が必要になる。つまり、いったん戦いにおいて生命が賭されると、戦いを選ぶことは実質的に生きることを選ぶことへと変換されるが、それはこの対決が勝利によって自由への意志と生への渇望を調和させることが可能になって初めて成立するからだ。しかし、この調和は抽象的なものでも自動的に生じるものでもない。一つの賭けである。賭けに成功するかどうかは意識の純粋運動から独立した与件にかかっている。状況、時宜、力関係といった、要するにその戦略的および政治的文脈全体にかかっているのである。

さて、正面対決よりも前の段階で、奴隷たちにはより身近な別の選択肢が提示されている。逃亡である。フランス植民地の奴隷は、これに該当する表現があった。主人から逃れることは、主人から「死体を盗む」と言い表されていたのである。[162] 此処では不可能であった自由が、他所にあるように見えたのである。解放は、時間ではなく空間に関連したものとして、つまり歴史ではなく地理に関係するものとして捉えられていた。

奴隷貿易が始まって以来、奴隷を主体として認めるという口実の下、奴隷制度の科《とが》を奴隷自身に返そうと試みられてきたが、実際に大量逃亡が起こると、奴隷の主体性はこれまでとはまったく異なる概念で語られるようになった。ヴィクトル・シュルシェール〔一八〇四－一八九三、フランスにおける奴隷制廃止運動に尽力したジャーナリスト、政治家〕は声を張り上げてこう述べる。「なんと無分別なことだろう！　植民者は頭がどうにかしている。黒人たちが奴隷状態を好んでいるなどと主張しているのだから。実際は、奴隷の逃亡や脱走を防止しようと必死になっているではないか！[163]」と。

すべての予防措置が失敗したとき、残った手段は逃亡者を追いかけるくらいのものだった。「逃亡奴隷《マロン》」狩りである。この用語は一般的に「人間の支配から逃れたあらゆる動物たち[164]」を指す用語だが、とりわけ主人の地所から逃亡した奴隷たちに用いられていた。

この取り締まりの任務には専門家が割り当てられた。奴隷が逃げると、ランチェロ〔ranchero〕、つまり「地所警備の任を負った人間狩りの者たちが、（中略）口笛で犬たちに合図し、銃やサーベルを手に取り、この奇妙な狩りに出発したのである」[165]。ブラジルでは、奴隷狩りの仕事は、「逃亡者を追いかけ、奴隷《キロンボ》〔quilombos〕を殺戮することを目的とした森の男たち《ホーメンス＝ド＝マト》〔homens-do-mato〕と呼ばれるにふさわしい準軍事組織」によって請け負われていた[166]。また、所有者は報奨金制度を用い、逃亡者を捕らえた場合は、その生死を問わず、報酬を支払った。アンティーユ諸島では、賞金稼ぎの狩人は「自分たちが不幸な人たちを不意打ちして縛りつけるためのロープを背負って、森や山中を歩き回った。（中略）彼らは、死者の手を切り落とすことを習慣としていた。政府にそれを捧げ、賞金を払ってもらうためである」[167]。アメリカの新聞では、「逃亡奴隷」に対する報奨金のオファーには、つぎのような詳細な注記が伴う場合があった。「誰であれ、目的にふさわしいように思える手段で、訴追の恐れなく逃亡奴隷を殺したり破壊したりできる」[168]。こうして逃亡奴隷は、罰せられることなく殺害可能な存在となり、かつての法における狼男に取って代わったが、別の法的合理性の枠組みのなかに置かれることになる。すなわち、彼らは所有物、財産なのであり、合法的な所有者の命令により破壊されうる対象だった。

　奴隷制を支える権力の最も狡猾なやり口の一つは、かつて不幸にも逃亡奴隷狩りに苦しんだことのある元奴隷仲間に委任することだった[169]。それこそ一七九二年の国民議会において、あるフランス人代議士が主張したことである。「有色人は、白人入植者よりも山中の黒人逃亡奴隷を追いかけるためにはるかに訓練されており、この点において有色人が逃亡奴隷に抱かせる恐怖に勝るものはない」[170]。分割すること、狩り出すこと、恐怖を与えることは、よき植民地統治のための格言であり、これらを実行に移すためには、被支配者集団のなかに適切な協力者を見つける方法を身につけなければならなかった。奴隷制を支える権力が用いる主な戦術の一つは、権力を自らに向けることで、奴隷を絶えず駆り立てる強い承認欲求に道を開くことであった。主人は、この欲求の操作をするにあたって「どんな鞭よりも強い」力を用いた[171]。このように、奴隷たちの逃亡願望に対して、主人は奴隷制度内での一種の内部昇進に彼らを誘導することで応じたのである。おまえたちは、もはや我々の奴隷ではなく、狩りの従者なのだ、というわけである。

このように協力者に助けてもらうことで、主人は自身で狩りをする手間が省けた。彼らは狩りを監督し、馬に跨り猟犬と狩りをする領主のごとく、遠くから参加し、獲物の水準には自らを置かなかった。実際には、狩りをする際の前提には獲物へのある種の感情移入がある。ここが重要である。効果的に狩りをするには、被食者の立場に自分を置く必要があるのだ。さて、この精神的操作では、前提として狩る者と狩られる者という関係が主人と奴隷のあいだに再確立しようとする距離、絶対的に埋まることのない階層状の距離が否定されている。それゆえ黒人が他の黒人に対して使用されたのである。これは、彼らが自身の「同類」を他の誰よりも理解できるという人種主義的な想定に由来していたが、同時に、「仲間」をよりよく理解しているだけでなく、主人たちが奴隷との過剰な触れ合いを避けるためでもあった。あくまでもそれは狩りであり、対等な者同士の戦いではなかった。第三者が両者の仲介を確実に果たさなければならなかった。

犬たちも同様にこの役割を果たした。カリブ海では、逃亡奴隷を狩るための特別な訓練を「黒人を貪り喰う犬」または「殺戮犬」に施した。肉が詰められた、血の滴る黒塗りの人形を使って、幼い頃から子犬を訓練した後、「逃亡黒人狩りにおいて、手練れの猟犬の群れにサポートされた若い犬を率いて、生きている人間相手に使われた」[172]。〔一九世紀〕半ばのアメリカの新聞では、次のような告知がなおも見られた。「ニグロ用の犬あります――ニグロ狩りを仕込まれたあらゆる猟犬を買い揃えております。逃げたニグロを狩ります。生け捕りにしてみせます。狩りは一日三ドル、生け捕り一五ドルです」[173]。

主人と奴隷の弁証法では、意識の関係は根本的に一対一の構造になっているのに対して、狩りの場合主人は被食者にほとんど直接向き合わない。雇われハンターや猟犬といった仲介者を使用するのである。二項対立というよりはむしろ三項関係の図式である。

こうした媒介が存在し、また対峙する力の関係が不均衡であるゆえに、人間狩りの際、主人に自分が命を賭けているという意識などありはしない。むしろ、決して命に危険が及ばないようにお膳立てされている。命を落とすことはまったくないわけではないが、それは起きたとしても事故である。狩る／狩られる関係を構成する一つの与件ではないのだ。

それゆえ『精神現象学』の図式からは、以下のような意味でもずれが生じている。つまり主人は、

「サン＝ドマングにおける逃亡奴隷専用の猟犬の訓練」。[174]

死に向きあおうとするのではなく、むしろ他人の命を賭け、自分は高みの見物を決め込もうとするのである。主人が自律的な自己意識として認識されているのは、まさに彼が死の危険に身をさらす必要がないからである。主人であろうとして自分の命を危険にさらすことはなかった。他人の命と自分の命の両方ではなく、他人の命だけを軽く扱うのである。支配者としての彼の意識は、他人の命のみをひたすら危険にさらすという身振りのなかに立ち現れるものだ。犬に捕えられた被食者の目を覗いて初めて、彼は自分が主人であることを知る。そのとき、彼は自分が被食者にとって死そのもの、つまり絶対的な主人であることを理解するのである。

主人の英雄譚に反して、彼らの権力は、最終的にもたらされた勝利から意識間の自由な対決を派生させることはない。近代の奴隷制の系譜学は決闘ではなく狩りの系譜学なのである。

人間狩りがもたらす悦びは、支配者の欲動の歴史のなかで特異な位置を占めている。それは残酷さ、悦楽、力の感情が複雑に組み合わさった一つの経験である。逃亡者狩りも、彼らにとっては貴族的なスポーツの側面を引き継いでいた。「しばしば植民地では、ヨーロッパでイノシシや他の野生の獣を狩るときに見せるのと同じくらいの熱意と開けっぴろげさで、黒人逃亡奴隷狩りが楽しまれていました。(中略)私は、とある植民地で何度もこの娯楽に興じた女性に会いました。彼女は友人の貴婦人をそこに招待していました。哀れな逃亡者は、犬に襲われ、負傷し、吠えたてられながら、追手に対して慈悲を乞い、許しを求めましたが、その苦しむ様子は笑いを誘い、惨めで辛い状況も侮蔑の対象となりました。その後、逃亡奴隷は褒賞金目当てで地元の行政府に連れていかれ、首を刎ねられました」[175]。元奴隷ウィリアム・クラフトの説明によれば、同様の異常な出来事は北米でも起こった。「奴隷狩りはこれ以上ないほどの興奮状態のなかでおこなわれる。この人の道を外れた狩りに参加する主人とその手下の喜びようは、キツネやシカを狩る英国のスポーツマン以上である[176]」。

間接的に戦争を楽しむこと、つまり戦いや死に対し恐怖心を抱かずに得られる喜びに、ノルベルト・エリアスは人間狩りにおける直接的な悦びを対置させた[177]。狩りは生死を賭した闘いではなく、死を先送りにすることとして定義されるのである。「殺しを担うのは猟犬であって、狩る楽しみの主要部分や狩りの本質は追い立てる喜びにのみあった。（中略）戦いそのもののシミュラークルが生む緊張状態に、参加者が優位な立場を占め獲得する悦びにあったのだ。キツネを殺すだけなら造作はない。狩りにルールが定められていたのは、難易度を高め、競技を長引かせ、勝利の瞬間を先延ばしにするためであったのだ。（中略）狩りによる興奮状態そのものが楽しみの淵源になっていたのである[178]」。

狩人が嫌うのは、何の苦もなく手に入る獲物である。これは、欲望の弁証法によるものだ。敵対者が意識の自由をもつことがまさに望まれるのだが、それはその自由を否定するためである。ところで、否定することで得られる楽しみは相手が自由であればあるほど、ますます大きくなる。それゆえに、「狩りのうち知られているもののなかでは、人間狩りが確実に最大限の興奮をもたらす」のであり、「同等の知性をもつもの同士の戦いという意味において最も良質な狩りなのである[179]」。

しかし、人間狩りの価値は共通の帰属集団に基づく一方で、人間狩りには、その餌食になる者だけでなく、それに身を委ねる者すべてをも非人間化するという逆説がある。「数歩先に、普段は穏やかで無害な性格の若い兵士がうつ伏せでじっとしていた。体格からして、羊一頭の血を流すことさえ何としても避けようとする類の気弱な兵士である。しかし、人間狩りは彼を変容させてしまっていた。木の葉で頭をカモフラージュし、地面すれすれに顎をつけて、そこを這いながら、両目は湿地の一点を凝視し、目に見えない被食者を肉食動物さながらに観察していた」[180]。そこでは、被食者となった人間が動物化される一方で、狩人の方も動物化されている。ほとんど動物的な欲動、つまり捕食者の欲動を感じているからだ。人間狩りに残酷な悦びを見いだす者は、変貌して野蛮化するのである。植民地にまつわる文脈において、奴隷主の獣化や野蛮化は、エメ・セゼールが好んだ重要なテーマだった。「植民地化により、植民者は非文明化し、文字通りの意味において野獣と化し、堕落し、眠っていた本能が目覚める」[181]。

逃亡奴隷にとって、追い立てられる経験は意識に別の効果を生み出す。逃げることによって、確かに彼は移動の自由を取り戻すが、彼はまだ追われている自覚がある。逃げることによって生まれ変われるとしても、その生は追われる生なのである。主人から離れたところにいるとはいえ、隷属の一つの形態であることには変わりないのだ。被食者は追い立てられる対象物である。完全なる自由に到達するには、この対象《オブジェ》＝モノの立場から主体性を取り戻さなければならない。だが、いかにしてそのような立場の逆転が可能なのだろう。

『弁証法的理性批判』において、サルトルは説明する。「人間狩りを目的として組織された集団によって、実践の場において狩られる身にある個人は（中略）その集団に対して彼が客体となることを再び内面化すること、つまり敵対者と共通の自由に基づいて自分自身の行動を解読することによってしか、この悪循環を逃れる術はない。私がやろうとしているこの行為、それはまさに彼らにとって自分がそうであるところの対象《オブジェ》＝モノに対して彼らが期待していることなのである」[182]。

追跡者たちの反応を予測できるようになるためには、狩られる人間は捕食者の目を使って自分の行動の読み解きを身につけなければならない。他者の視線をこのように内面化すれば、極端なまでに慎重に行動するようになる。この慎重さはまず、無力感を引き起こすような偏執的な不安というかたちで現れる。つまり、自身を第三者の目から見つめたり、何をするにしてもいちいち自分にとって何のためになるのかと自問したりするようになるのである。

だがこの苦悶は、推論へと変わる可能性がある。狩りは実際にある特殊な思考形態を動員する。精神的適性である。ホッブズが説明するように、それは対象《オブジェ》＝モノへの欲求から始まり、「それに到達する次の手段を考えさせ、この手段がまた次の手段を考えさせ、とつづく。（中略）それは、古代ローマ人が明察力と呼んでいたものだが、ここでは狩猟や追跡と呼んでもよいだろう。こうして、犬は動物を匂いで追跡し、人間は動物を痕跡によって追跡するのである」[183]。被食者にとって問題となるのは、残った足跡で自分の居場所を明かしてしまうことである。逃亡や脱走の手段は同時に、悲劇的な悪循環のなかで発見される手がかりにもなってしまう。しかしながら、逃亡者は追跡者たちの洞察を先読みして、足跡を撹乱することができる。逃亡の技術は、痕跡を制御する技術である記号論的技術なのだ。アメリカ人の奴隷ヘンリー・ビブは、逃亡の際、道すがら馬に乗った白人の集団と鉢合わせした。彼らは何の反応も見せずに通り過ぎた。しかし、逃亡者はこの無関心を策略と解し、疑念を抱く。彼らは隣の農場に猟犬を探しにいったのではないか。すれ違った場所に戻り、犬を路肩に離して足跡を見つけようとするのではないか。「彼らを欺くために彼らがやってきた路を通りながら戻った方が、逃げ切れる可能性は大きいと思いました。彼らから逃れるために、私が彼らと同じ方向に逃げたと彼らは疑うことにきっとなるだろうと思うからです[184]」。猟犬を欺くために、踵を返し、横っとびすること、それこそ狩猟用語では「鹿の戦略」〔hourvari〕と呼ばれているものだ。つまり、「アカシカ、ノロジカ、ノウサギなどは、猟犬たちをまどわせ、道の端っこに突き落とすためにやってきた道を通って戻るとき、この戦略を使ったのである[185]」。この戦略的要素によって、サルトルが狩られる人間と追跡者とのあいだの「合理的な敵対関係という意味における対話」と呼んだものが始まる。すなわち、この行動が、そのとき制限しようとする敵対的意志の反応を戦略的計画としての行動方式のなかに統合するという意味において、対話が始まるのだ。

そうすることで、被食者は自らの出発点にあったたんなる客体化から逃れるのである。捕食者の論理を自らの行動計画に統合することで、被食者は捕食者を包摂し内面化する。こうして、狩りの最初の弁証法の最終段階において、被食者はまだ被食者でしかないものの、狩人側の精神的な能力を獲得する。この新たな戦略的能力によって、最初のうちは追跡者の意図の裏をかくことくらいしかできなかったとしても、じきに何でもできるようになる。効果的な逃亡の技術は、狩猟の論理を知的に制御することを前提としているという点で、狩猟における関係の逆転を見据えたものだ。狩りの対象であった被食者は主体に、つまり彼自身、最初の段階で狩る側に回っているのである。

一八三三年、〔現在の仏領レユニオン島である〕ブルボン島の当局者たちは、シャルル・バノンという逃亡奴隷の首に懸賞金をかけたが、無駄骨に終わった。数週間後、逃亡奴隷の一団を刑務所に連行していた警察官が襲撃に遭った。「この戦いにおいて、警察官は性器を摑まれ、立っていられなくなった。「人殺し」と叫んで助けを求める以外に術はなかった。（中略）日ごとに大胆な行動をとるようになるシャルル・バノンがこの犯罪の首謀者らしかった」[186]。凶暴な獣のような人間を狩る者は、逆に噛まれることすらあるのだ。

しかし、奴隷の逃亡は、激しさを増すにつれて、秩序を揺るがせ、政治的な様相をはっきり呈するものに変わっていった。逃亡奴隷集団であるキロンボは、ゲリラ活動の後方基地として機能するようになることもあった。

アンティーユ諸島では、森に避難した逃亡奴隷集団に向けて討伐軍が派遣された。彼らは植民地支配を脅やかす恐れのある反乱の中心だったのだ。これらの軍事作戦が狩りの形式で考案され組織されつづけたことは意味深長である。一七九六年にジャマイカでトレローニー・タウンの逃亡奴隷《マロン》が反乱を起こしたとき、植民地議会は、猟犬をキューバから連れてくる決定を下した。逃亡奴隷たちを狩るために訓練された犬である。入植者たちは、猟犬を同行させたというニュースが伝われば、フランス本土からの「誹《そし》り」は免れないと予期し、道徳哲学と戦争の歴史のなかに正当化の根拠を求めた。フンボルトが書いているような「大量の文献学的な濫蓄」を動員したのだ[187]。彼らは次のように強弁した。

「アジア人たちはいつも象を戦争に連れてきた」のであり[188]、もし動物の使用が戦争法に違反するなら、騎兵の使用もおそらく禁止されるべきである、と。いずれにせよ、危険な敵との戦争状態にあったゆえ、白人の安全がすべてに優先されたのだ。この論法を根拠に、当局は一七九六年一二月一五日にキューバから「ほとんどが有色人種で構成されたスペイン人ハンター」の一団と「一〇〇頭余りの猟犬の群れ」を連れてきた[189]。知らせを受けた反乱勢力は、恐れをなして降伏したといわれている。ゲリラ戦では、敵の動きが把握できないためになによりもまずその足跡を見つけ出すことが重要だとしても、たんに戦術的に必要だったから犬に頼ったのではない。精神の範疇に属する問題でもあったからだ。主人と奴隷のあいだにあった絶対的な存在論的乖離は、反乱により否定されていた。調教された猟犬の使用は、こういった関係性を再び導入し、強要するための強力な心理的手段だったのだ。

被支配者に対する支配者によるこのゲリラ戦という形式において、犬の使用は依然として戦闘状況の否定を意味していた。内戦を人間狩りの作戦行動として扱うことは、眼前で繰り広げられている状況を何としても否定し、被支配者の力によって、事実として敵対関係が現出してしまっている状況を拒絶することだった。このような状況では、力関係が逆転する可能性が垣間見られてしまうのだ。もはや公秩序が乱されたという単純な話ではない。この種の状況では、人間狩りは狩猟戦争の手段になる。次のような特徴をもつ戦争の形態である。一つ目の特徴はそれが対立ではなく、狩りのかたちをとっていることである。二つ目は、その力関係が両者の武力の根本的な非対称性によって特徴づけられていることである。三つ目は、その構造は一対一の決闘の構造にはなっていないことだ。つまり第三項が仲介者として動員されているのである。四つ目として、敵が敵として、つまり対等な存在として認識されていないことだ。それは被食者にすぎないのである。五つ目は、高貴なものとはいえない手段の使用だ。これは古典的な軍隊のやり方ではなく、警察や狩猟におけるやり口だった。内戦を狩りへ歪曲してしまうことで、道化じみた効果が必然的に生み出されることに留意したい。この効果はあらゆる狩猟戦争譚の特徴であり、不吉な感興を醸しだす。狩猟的道化は、そこで使用される手段の下劣さと、手段を飾りたてる様式の壮大さのコントラストから生じたものだ。当時の植民者が物語を飾りたてるために使えそうだった唯一の英雄的なモチーフは、時代を象徴するものであるが、飼い犬の武勲だった[190]。

一八〇二年に起こったサン＝ドマングでの反乱の際、フランス軍はジャマイカの入植者と同じ方策を使用したが、結果はまったく異なるものだった。逃亡奴隷《マロン》の反乱を制圧するために、当局はキューバで「黒人とインド人を狩るために訓練された」スペインのマスティフや、ブラッドハウンド数百頭を買いつけた。「これらの獰猛な獣を集めたノアイユ公がその総指揮をとった。彼はこうして犬たちの将軍になったのである[191]」。二八頭のブルドッグが領内に到着したことを知らせる手紙のなかで、ナポレオン・ボナパルトの将軍であるロシャンボーは、彼らの餌にかかる経費が予算にまったく計上されていないという事実を説明するために次のように書いた。「彼らの餌となる黒人を用意しなければなりません。敬愛の情を込めて。ロシャンボーここに記す[192]」。軍事行動は始まったが、逃亡奴隷たちは予想外の抵抗を示した。カプ〔現在のカパイシャン〕への退却を迫られたフランス軍は食糧供給路を遮断された。「籠城軍に残された最後の食料は、彼らが黒人の肉を餌として与えていた戦争犬たちだった。人間狩りに従事した人々は飼い犬を食べることを余儀なくされたのである」[193]。

それ自体を危険な存在とし、なおかつ最高に貴族的な魅力をも与える人間狩りの特徴とは、狩る／狩られる関係性が逆転してしまう可能性がつねにあることだ。つまり、被食者が捕食者になり、狩られる側が狩る側に回る可能性だ。人間狩りは、このような根本的な不安定さによって特徴づけられている。被食者が被食者であることを拒否して、逃げるのをやめ、反抗して今度は狩る側に回るとき、狩りは戦闘や闘争に変わる。人間によって人間に適用される狩る／狩られる関係および捕食する／捕食される関係の特徴は以下にある。被食者は学習しうる存在であり、さらには当然のことながら被食者は生まれながらにして被食者ではないことにある。そして、主人が被食者の側に回り、辛い経験をするように、被食者が知を蓄えうることにあるのだ。ここでは、知は主人たちの特権というわけではない。被食者が狩る側に、策を練って指揮する側に回るのである。

さらに、この立場の逆転は、人間狩りを主題とする物語における古典的なモチーフであり、人間狩りを主題とする映画すべての脚本の原動力でもある。すなわち、獲物が狩る側に回り、狩る者が獲物になる。それゆえ、人間狩りは、映画『ザロフ伯爵の狩り、最も危険なゲーム』〔邦題『猟奇島』一九三二〕に示されているように、「最も危険なゲーム」である[194]。かつての狩る者と今日の狩る者については、おそらく、古今を問わずあらゆる物語が証言している教訓に思いをめぐらせればよいだろう。狩る者は狩られ、武器を奪われて、対極にいるかつての被食者に摑まれて、笑顔でとどめをさされるだろう。最後の爆発シーンが終わる寸前、敗北した元狩人は次のような究極的な問いを投げかけるだろう。「しかし、なぜおまえはこんなことをするのか」、と。そして、ジョン・ウーの『人間狩り』〔邦題『ハード・ターゲット』一九九三〕において、ジャン＝クロード・ヴァン・ダムが演じる元被食者はこう答えるのだ。「貧乏人にもお楽しみは必要なのさ」と。

逃亡奴隷が奴隷解放州で結集する事態に、来るべき革命の醸成を正しく見抜いていたディドロは、最終的に奴隷の反乱を勝利に導く黒人の英雄の登場を予言していた。「クラッスス〔前一一五頃～五三、第三次奴隷戦争でスパルタクスを破り、ポンペイウスとカエサルと第一回三頭政治をおこなった〕に出会わない新たなスパルタクス〔?～前七一、元剣闘士。第三次奴隷戦争の主導者〕などどこにいようか。そのとき、〔一六八五年にカリブ海の黒人奴隷の扱いについてルイ一四世の王令によって定められた〕黒人法典は廃止されるだろう。勝者が復讐法だけを参照するなら、代わりに制定される白人法典はひどいことになるだろう！[195]」。

こうして、奴隷暴動の勃発は避けられないという見通しがはっきりしてくるのと同時に、政治的復讐や革命の問題がただちに前景化してきた。

復讐法において、他者による暴力は、自己による他者への暴力の合法性に根拠を与えるだけでなく、その手段や基準、そして最終的にその形式をも提供する。復讐は模倣なのだ。それは、他律性に基づいて行動が規定される体制を強いる。ある種の悲劇的な術策により、復讐は、それ自体に充足する一方で、復讐に夢中になっている人間にしっぺ返しを食らわせることに向かう。復讐は、それに夢中になっている人を、意図せずに自分が戦っている相手の正確な写し鏡にしてしまうからである。

これは、政治的弁証法としての狩る者と狩られる者の弁証法が有する根源的な問題である。たんに捕食する／される関係をひっくり返すことにとらわれるのではなく、どうすれば狩りそのものを乗り超えられるかという問題なのだ。当然のことながら、その危険は、もともと被食者だった者が、優位に立とうとして、自分が抜け出そうと思っていた側に結局は回ってしまうことである。

狩る者と狩られる者の弁証法におけるこの袋小路を大きく取り扱っているのは、ここでもまたフィクション作品である。映画『死の餌食』〔一九八七〕は、おそらくこの悪循環を最も明快に説明してくれる。[196] ダイジェストに見られる場面において、もともと被食者だった男は追跡者の腕をもぎ取り、体から切り離したこの腕で相手を叩いている。狩られる者が最終的に勝利を収めることになるが、それは彼自身が捕食者に変貌するという犠牲を払ってのことである。最後のシーンでは、追跡者だった男の服を脱がせた後、彼は獣のような叫び声を上げて男に命令を下す。「走れ！」と。

彼らの関係性の構造ではなく、配役だけが変わるこの種の非弁証法的逆転は、長いあいだ、革命的な政治に関する思想において根本的な危険の一つとみなされてきた。革命が大規模な人間狩りのかたちをとることがあり、その際にはまず革命に敵対する人々に対して、次に革命支持者に対して、自分たちが歯向かった相手に対する捕食関係を反復したことは、おそらく狩猟権力に対する究極的な復讐

「走れ！」

だった。

社会革命の理論家にとって、この危険を回避することは、復讐のロジックから政治的暴力の問題を根源的なかたちで抽出することを意味していた。すでにバクーニンが総括のかたちで次のように書いている。「政治的虐殺は一度も徒党を殺すには至らなかった。特権階級に対してとりわけ無力であることが露呈した。特権階級の権力は、人間そのものにあるのではなく、多くの場合、特権を受ける人々に現実が与える立場にあるのだから」[197]。正しく理解された政治的暴力は、個人ではなく地位に向けられるものである。地位こそが、現実の個人のありようを決めるのだ。重要なのは、捕食関係を逆転することではなく、それらを破壊することなのだ。

このようにして、同時に直接的なかたちで提起されるのは国家との関係の問題である。ところで、近世初頭以降、国家は狩りと捕獲に関する新しい中央集権装置を手に入れた。とりわけ旧大陸における一つの出来事が、この国家狩猟部隊にまったく新しい方法を広めることを可能にしたのである。

# 第7章　貧民狩り

貧民たちを残らず働かせるよう、金持ち全員に仕向ける秘訣をまだ見つけていらっしゃいませんね！　それだったら、まだ警察の仕事のイロハもわかっていらっしゃらないのではないですか。

ヴォルテール『カシミールの街の浄化[198]』

貧民狩りがおこなわれた。ありとあらゆる警察の手段を用いて、屈辱的な拷問をちらつかせて脅しつけられながら、貧民は狩り出され、かき集められた。

ジュール・ミシュレ『フランス史[199]』

警察による狩りの始まりとなる行為、つまり近代警察の権力ともなる一斉検挙の権力が行使された最初の場面、それは一七世紀にヨーロッパで開始された貧民、無為の徒、浮浪者に向けられた大規模な狩りだった――最初は、エリザベス朝イングランドにおいて「救貧法」〔一六〇一年に貧民救済を目的としてイギリスで発布された法律〕に基づき、次いでフランスでは、一六五六年に「貧民を収容して食事を与える」ための総合救貧院の設立をきっかけとしておこなわれた。こうした措置に頼り、王権は貧民の大規模な監禁によって貧困問題の解決を選んだわけである。しかし、あたりまえのことだが、彼らを監禁できる状態にするには、前もって彼らを捕獲せねばならなかった。

ある張り紙がパリの街頭に掲示された。物乞いの禁止を知らせるものだった。それを破れば、まず鞭打ちの刑が科され、その後、男には漕役刑、女には追放の措置がとられた。取締官が派遣され、通りを歩き回り、そこで出会った貧者を捕らえたのだった。彼らは救貧院付きの取締官であり、「物乞い狩りをする」任務を託されていた。[200]

確かに貧民を「狩る」ことは新たな実践ではなかった。一五七二年、ヌヴェールでは、「外国からやってきたおびただしい数の貧民たちが町中に広がり、（中略）ペストや思いもよらない事件などを引き起こす危険を予期して、彼らを探し出して追いはらうために三、四人の男を雇い入れる決定がなされた」[201]。一六世紀末には、貧しい人々の大量流入に対処するために、「番人が、貧民、物乞い、浮浪者が市内に入らないようにする任務を託されて門に配置され、取締官が市中を横切って物乞いをする人間を探し、捕まえるために特別に任命された。彼らは「ルンペンを狩る者」または「ごろつきを狩る者」と呼ばれた」[202]。

市内への入り口に配置された番人には、浮浪者とならず者の貧民を見定める職務があった。その顔つきや風貌、怪しい身なりを見て、彼らは善人と悪人を見分けることができたのである。「司祭や巡礼者が街の門に到着すると、この門番は、衣服や顔つきが物乞いを疑わせるものではない限りは、入市を許可した」[203]。彼らは選別し、追い返しはしたが、閉じ込めることはしなかった。

ルンペンを狩る者の方はといえば、「市中で狩りをする」のである。[204] 彼らは巡回し、怪しい人間を見つけると、逮捕し、退去させた。[205] 教会も自前で貧民を狩る者を有していた。それが「大聖堂つきのルンペンを狩る者」であり、フルティエールの定義によると、「教会から犬や物乞いの狩り出しを務めとする守衛や護衛」であり、[206]とりわけミサの日に集まってくる物乞いたちを追い散らすのに使われていた。

スイスでは、時代を下っても、旅行者はベルン州の小道で「桁外れな長さの剣を携え、三色標章のついた巨大な三角帽をかぶった（中略）貧民を狩る者」に出くわすこともあっただろう。しかし、彼らは「それほど貧者たちを怖がらせる存在ではなかった。彼らはこけ脅しにちがいないから」とはっきり述べられている。[207]

こうした人々は、近世初期にはありふれた存在だったが、彼らの仕事はそれまで追い散らしたり、追放したりすることに限られていた。貧民を狩るとは、貧民がいた場所から彼らを追い払うことを意味していた。しかし、「大いなる閉じ込め」〔フーコー『狂気の歴史』第一部第二章のタイトルに由来〕を打ち立てたあらたな論理の到来とともに、まさに貧民狩りの意味自体が変化する。貧民はもはや畑や森林に追い返されるのではなく、捕まえられて救貧院の壁のなかに閉じ込められるようになった。フーコーによると、「排除という純粋に否定的な措置を監禁という措置に置き換えることは初めてのことだった。つまり、失業者はもはや追放されることも罰せられることもなくなり、個人の自由と引き換えに、国家が費用を負担して身柄を引き受けるようになったのである」[208]。捕獲と監禁の道具として捉えられる近代警察の機能は、この出来事から生まれたのである。

しかし、監禁の狩りが定められた順序のように追放の狩りに取って代わったと考えるならば、間違いだろう。現実には、これら二つの排除の形式は共存しており、主体の地位に応じて異なるかたちで割り当てられていた。一七世紀のディジョンでは、町のごろつきを狩る者は、対応しなければならない相手が地元の物乞いか、「異邦」の貧民かによって異なる指示を受けていた[209]。つまり「彼らが出くわした物乞いが同じ町の貧民であれば、貧民たちの管理人がそこにやってきて彼を懲らしめる役割を引き受けてくれることを期待しながら、彼を救貧院へと連れていかなければならなかった。そして貧民がよそ者であれば、再び扉の外へ放り出されるのだった[210]」。地元民を閉じ込め、よそ者を追放する。このようにして根源的な二つの排除の形式が割り当てられていたのである。しかし、よそ者たちのなかでもきわめつけのよそ者、望ましくない者たちのなかでもとりわけ望ましくない者は、ボヘミアンだった。この救貧院が「漕役刑の訓練期間や前段階」として一般的に機能していたとしても「(中略)このような猶予は存在せず、あたりまえのように略式で、いかなる裁判手続きも経ずに逮捕されて鎖に繋がれる身分の者たちがいた。それがエジプト人〔ジプシー〕とも呼ばれたボヘミアンたちだった。彼らは野生の獣のように、追い立てられ、追跡され、捕らえられたのである。女たちは剃毛され、鞭打ちを受け、生気を失ったところで、王国から追放された。男たちはガレー船の座席に永久に繋ぎとめられた[211]」。アンドレ・ジスベールは、これらの「漕役刑にふさわしい人相をした放浪者たち」がどのように扱われたかを語っている。彼らの一部は、目に余るほど不公正で不誠実な奉行《プレヴォ》に裁かれ、残りの人々はいかなる裁判手続きも経ずに鎖に繋がれたのである。トゥールのペローやモントーバンのフーコーといった地方監察官《アンタンダン》たちは、自らルンペン狩りに身を投じた。ある地方監察官は、次のように書いた。「私は、自分の管轄内のすべてのボヘミアンと浮浪者を探させました……それは地域のならず者たちを一掃し、王のガレー船にうってつけの漕ぎ手を送り出す手段になるでしょう[212]」。

貧民狩りは一八世紀にもつづけておこなわれた。「一七二四年の王令以降、同じような、もしくはさらにおぞましい光景が繰り広げられた。（中略）大規模な手入れが繰り返され、病院には溢れんばかりの物乞いや浮浪者たちが連れてこられた。（中略）彼らは、狭くて汚い古びた施療院にありったけ乱雑に詰め込まれた。「彼らを藁のうえに寝かせ、パンや水を与えよ。広い場所はいらないだろう」。それが財務総監のドダンが地方監察官たちに与えた指示だった[213]」。啓蒙の世紀の終わりに、貧民狩りはヨーロッパ中で制度化された。「デンマークでは、物乞いを逮捕する人員を確保するために、警察官の数が増員された。この目的のため、メクレンブルク＝シュヴェリーンでは法律によって軽騎兵部隊が創設された。ドイツの領主国のほとんどにおいては、普段から憲兵隊が、徒歩や馬に跨って貧民狩りに従事していた[214]」。

しかし、この貧民狩り政策は抵抗に遭わずに進められたわけではない。この政策は物乞いを犯罪としてみなすことを前提としていた一方で、物乞いはいまだ中世の伝統に則って、聖人として遍く受け止められてもいたのである。また、エマニュエル・ルロワ＝ラデュリが説明するように、「ブルジョアの秩序の象徴であった下級警官、門番、ごろつきを狩る者、奉行たちが、物乞いを拘置しようとしてもうまくいかなかった。旧来の思考体系に属し、中世から物乞いを選ばれし者の徴であると信ずるすべての人々、――慎ましい生活を送る人々、従僕、召使、子ども、修道女、居酒屋の主人、売春婦といった——人たちはみな、彼らを保護し、ルンペンを狩る者の手から彼らを取り返し、自分たちの家のなかに匿い、それから自由にしてやったのである」[215]。

王令にもかかわらず、民衆は「彼らの」貧民に施しを与え、保護しつづけた。貧者を捕まえようとする貧民を狩る者たちが庶民に追いかけられ、鞭打たれることは珍しいことではなかった。このように公式報告書には、「救貧院が雇った取締官に対する民衆の敵意に起因する、物乞いを逮捕することの難しさ」に対する嘆きが綴られている。[216]さらに憂慮すべきは、物乞いを逮捕しようとする試みが、民衆の暴動に転じる場合もあることだった。一六五九年、総合救貧院設立の翌日、「パリでは救貧院の取締官に対して勃発した暴動が八箇所」を数えるまでになった。モンペリエでは「番人やルンペンを狩る者に人望はなく、しばしば群衆にひどい扱いを受けていて」、参事会は、「彼らが今後虐待を受けることがないように、街のルンペンを狩る者に制服を与え、そのうえに市の紋章の入った記章をつけさせること」を決定した。[217]このような取るに足りない保護策では、嘲笑も暴力も止むはずはなかった。辛く払いも良くない仕事なので、ルンペンを狩る者は結局いくらかの金と引き換えに貧民と通じるようになった、といわれている。

いずれにせよ、この捕獲監禁システムはそれ自体が抱える限界に突き当たった。問題は単純である。一九世紀には以下のようにそれをはっきり述べた者もいる。「逮捕した物乞い全員を監獄に入れることなどできようか。たった一年でその数は五万人にも膨れあがっているというのに」[218]。

このシステムの論理は、貧困を解消するために貧民を閉じ込めることにあった。少し考えれば分かることだが、貧民狩りも物乞いの禁止も、貧困をなくすことにはならない。それらの方策ではできるわけがないのだ。しかし、それは重要なことではなかったようだ。貧民狩りの役割は別の場所にあったからである。ミシュレが診断しているように、「宮廷や権力者たちは、これら貧者の大群がさまようのを目にしたくなかった。群れのなかに、行政に対する剝き出しの糾弾を見たからである」。昨日今日で貧困を根絶できなかったため、困窮者を人目から隠さなければならなかったわけだ。さまよう物乞いによって糾弾が目に見えている状態から、物乞いを閉じ込めることによって貧困などまるでなかったかのように見えない状態へと移行すること、これこそが監禁する狩りの最重要の役割だったのである。

しかし、監禁が第一に社会的に貧困を見えないものにする戦略だとしても、そこにはそれ以外の徳が付与され、さらに有用性もつけくわえられた。貧民は、閉じ込めることで初めて働かせることができたからだ。独房に閉じ込め、さらにひどい場合は、必要に応じて杖や棒で打ち、貧民に「怠惰な生活」への嗜好を断ち切らせることができた。

イングランドでは、救貧法が慈善を法的義務にした。ひどく恐ろしい刑罰を免れる代わりに、強制労働を押しつけたのだ。このような懲罰的な論理において、「手に負えない物乞いたちに対しては、懲役によって彼らの怠惰を贖わせた」[219]。援助しながら処罰する。国家による慈善は、このような根本的な曖昧さを背景に現れるものなのである。

慈愛に満ちた国家は狩り出す国家でもある。これみよがしの強制的な善意を示す背後に、怪しげな悦びが透けて見える。慈善と人間狩りを結びつけるこの秘められた親和性は、いくつかの小説のなかで、なおおとなしいかたちであれ、明らかにされている。

――ちょっとしたお楽しみをあなたに提供しましょう。

――ちょっとした楽しみ！　どんなものかしら？

――狩りですよ。（中略）ただ、私は自分が手に入れようとする獲物を決して殺したりはしません。ときには……私はそれが生き延びるのを助けたりします。あなたに提供しようと思っているのは貧民狩りなんですよ。

思わずとっさにカミーユは若い男の手をとり、それをぎゅっと握った。彼女はよく通る声で、瞳を潤わせて言った。

――ああ！　これこそ、わたしが待ち望んでいたちょっとしたお楽しみだわ。[220]

慈善という得がたい悦びは、金持ちの後ろめたさを和らげる。彼らは救われた貧民の感謝の念に慰めを見いだすのである。しかし、この悦びはそれほど純粋なものだろうか。さらに別の小説のなかで、ある貴族は以下のように告白する。「私がこの世で愛するのは慈善だけです。（中略）とはいえ、ほんとうのところ、それは善きことでないのではないか、と恐れていいます……私は貧民狩りを楽しみすぎました……[221]」。このいかがわしい悦びは、施設という合法的な慈善の形式が誕生しても消えることはなかった。この悦びは次々と生まれる公共的な善行に対する動機を刺激しつづけた。国家による慈善のもとでは、実際に狩猟と刑罰の論理は隠し切ることはできなかった。宗教的な慈善の信奉者は、これを非難することを忘れなかった。彼らは、貧民を世話する役割を奪われたように思っていたのだ。「武装勢力が貧しい人々を狩り出し、至るところで彼らを捕らえ、収容所に力づくで押し込むのが見られた。作業場が作られ、そこで貧しい人々は働くことを強制された。刑法が貧しい人々のために制定された。そこでは怠惰と無能は犯罪に分類され、そのようなものとして罰せられた。――こうして怠惰は犯罪となった。あくまでも貧民に限った話ではあるが。金持ちだったら怠けても罪に問われることはなかった。正義には二つの尺度があったのである[222]」。

実際に物乞いたちに対する強制労働では、賃金労働者になるように要請された者を対象とする身体的および道徳的な訓練がおこなわれていた。この大規模な貧民狩りの作戦は、実際のところ近代プロレタリアートの誕生を記している。フーコーが説明するように、「監禁という、一七世紀にヨーロッパ中にその兆しが見られる巨大な出来事は「治安《ポリス》」に関わる事柄である。それはまさに古典時代にその語に付されていた意味における「治安《ポリス》」、つまり、それがなければ生きていけない人々にとって、その仕事を可能であると同時に必要にする一連の措置の総体を指している[223]」。治安維持権力《ポリス》は、階級の道具として、つまり無産者を働かせ、訓練し、強制労働によって賃金労働市場となるものに強制的に統合するための主要な手段として現れるのである。

しかし、さらに別の考えが現れる。それは、貧しい人々が非就労者としての存在ゆえに咎められる人生を送っているだけでなく、さらに貧困が犯罪のるつぼであり、拠り所を形成しているという考えである。一七六四年八月二日、サン＝フロランタン伯爵はパリの長官《アンタンダン》に「物乞いと浮浪者たちの狩り」を命じた。「というのも、そうした人々のなかでは、泥棒だけではなく殺人者が徒党を組んで身を潜めているからである」[224]。このような表明により、新たな論法が登場した。貧困層を狩り出す必要があるのは、それが潜在的な犯罪者だからである、というわけである。論理が次のように進むのは避けられなかった。つまり、貧困が犯罪の発生源である以上、犯罪を根絶したいのであれば、貧民狩りが実行されなければならない、と。

　こうして、貧民は危険なカテゴリーとなった。一九世紀、パリ警察は次のような公式声明を出した。「パリ市警視総監閣下は、物乞いや、女衒、あらゆるタイプの犯罪者などの集団からパリを浄化することを最重要視している。この者たちは絶えず治安を乱し、政治的な不測の事態において真の危険となりうる存在なのだ。――その結果、警視総監閣下は、昨日および本日、パリ市における一斉狩り出しを警察官たちに実行させた。（中略）閣下は桁外れの数の浮浪者たちを逮捕させた。（中略）昨夜、レ・アルの治安維持班の警部は、再び二五人の浮浪者とならず者たちに対して手入れをおこなった」[225]。

　排泄物の浄化という医学用語、治安の揺らぎという主題、危険な階級による政治的危機の喚起、人間狩りの用語を使って言明される一斉手入れの実践。この短い文章には、治安維持のための狩りにおけるほとんどすべての要素が含まれている。共和主義者のジャーナリストであるイヴ・ギイヨは、このような令状なしの逮捕における法的枠組みのまったき不在を指摘し、義憤にかられ次のコメントを残している。「一連の出来事は浄化と呼ばれている。（中略）狩り立て！　手入れ！　日常的な用語で貧民狩りを表すとすればそんなところだろう。プランテーション経営者だったら、逃亡奴隷のニグロの狩りについても同様の物言いをしたことだろう[226]」。

しかし、こうした捕獲監禁の実践における超法規的な側面がスキャンダルの対象になった可能性があるということは、何よりも警察活動の法的資格の変化を証明している。フーコーが説明するように、実際、長いあいだ、「浮浪者狩り、物乞い狩り、無為の徒狩り。この選別、排除、警察による監禁の実践は、司法および法的慣行の埒外にとどまっている。（中略）そして、一九世紀初頭、警察による社会選別の実践はすべて司法慣行のなかに再統合された。ナポレオン時代の国家において、警察と司法と刑務所制度は互いに有機的に関連づけられるようになったからである[227]」。

この新たな文脈において、警察はこれ以降、司法の片腕として、懲罰権力の捕獲装置として自らを示していくようになる。

犯罪と獲物への熱意

「人間にとっての狼である殺人者と、人類の友であり、社会の守護者である犬は、互いに相手の前に立ちはだかった。だが、冷静になろう。人間の悪は罰せられ、犬の美徳が勝利するだろう」。

Paul Villers, « Le chien, gardien de la société », Je sais tout, no 33, 15 octobre 1907, pp. 361-368, p. 365.

# 第8章　警察による狩り

おやおや！　おまえは下衆でちびた酔っ払いだな。おまけに警察官だときている。反対になんと美しいのだろう、彼女は。まるで女狩人のディアナ神のようだ。

バルザック『アルシの代議士』[228]

警察の活動というのは、あらゆる狩りのなかでいちばん興奮させてくれる究極の狩り、つまり人間狩りなのよ。わたしは熱心な狩人だから、狩猟と聞くともうじっとしていられないの。だから、わたしが事件に興味をもつこともわかっていただけるのではないかしら。馬に乗って、グレイハウンドを連れて、草原を走りまわり、野兎やら狐を狩るのが、最高の楽しみなの。人間の足跡を捜し、狩り立て、罠に追い込むのが、どんなに素晴らしくワクワクすることか！　あなたがたが浸っているこの悪魔的な悦びをわたしに味わわせてちょうだい。

サッハー＝マゾッホ『魂を漁る女』[229]

一九〇七年、警察犬の国際コンクールがルーアンで開催された。警察犬というものが発案されたのはごく最近のことだ。最初はベルギーで、つづいてドイツで使われるようになった警察犬は、フランスではこのコンクールの際に公開された。「ルーアンの警察本部長は、コンクールへ参加しにきたドイツとスイスの同業者たちの前で、危険な宿なしの浮浪者の増加を嘆いたところ、（中略）外国からやってきた警察官たちは、ある実験を提案した。フランス人の司法官の指揮下に狩りが企画され、その狩りにはコンクールのチャンピオン犬が連れてこられた。しばらくすると、恐怖にかられて叫び声を上げながら浮浪者は隠れ家から追い立てられたが、逃げ出した者はすぐに情け容赦のない犬に捕まり、巨大な群れとなって交番まで引っ立てられた。その集団の周りでは犬たちは果敢に吠え声を上げ、良心を咎めることなく牧羊犬としての生まれながらの仕事を遂行していた[230]」。これがフランスにおける警察犬の最初の功績だった。警察犬の導入によって、警察官の役割を都市の狩人に近づけるまでになった。

一九世紀には、警察官は人間を狩る者として描かれていた。たとえば『ルヴュ・ブリタニック』は次のように書いている。「人間は傑出した狩猟動物である。だが、同じ人間がこれほどの意気込みと粘り強さで追う獲物は、自分たちの同類である人間にほかならない。この嗜好は、特定の人々が警察に入ったときに、非常にはっきりとした性格として現れるので、彼らは自然にこの手の特殊任務を命ぜられる[231]」。警察とは狩りの機関であり、国家による狩猟の手先であり、追跡し、逮捕し、投獄する役割を担っているのである。

警察が自らこのような言葉で自身を説明することもあった。警察で人体鑑識に基づく捜査の推進者であったアルフォンス・ベルティヨンは、一九世紀がまさに終わらんとするとき次のような賛辞を述べた。「科学的な警察への第一歩が踏み出された。そこには人間狩りの技術知が結びつけられている。（中略）狩る者は、博物学の知識に絶えず刺激を受けてきたのではないだろうか。反対に、博物学者にも本能的に狩る者のもつ性質が幾分か備わっていたのではないだろうか。未来の警察官が人類学の法則を彼ら独自の狩猟に適用することは疑う余地はない」[232]。このようにして経験的狩猟から科学的狩猟へと移行したのかもしれない。地理学、「それは何よりも戦争に役立つ」〔フランスの地理学者イヴ・ラコストの一九七六年の著作表題〕のだとすれば、人類学は何よりも人間狩りに役立つのである。

こうした狩猟行為を合理化し科学化する計画は、追跡と捕獲の役割を国家が中央集権化してきた長い歴史的過程の終着点にある。狼男を狩る〔第3章参照〕のとは異なり、警察を使った国家の狩りが民衆による狩り出しと同じやり方で実行されることはもはやない。警察が正統な狩猟権力を独占したのである。また、つづいて国家による狩りが逃亡者の追放に関与することはなくなった。法の埒外への追放は、近代以前のモデルでは構造に組み込まれた手続きだったが、逆に近代警察における追跡は法律の厳格な枠組み内にとどまるものとみなされている。狩猟権力としての警察は、法の道具や奉仕者としての様相を呈している。

しかし、問題は次の点にある。近代警察が継承する狩猟権力は、法律の二次的な適用や法に元来従属する審級として生まれたものであるどころか、現在その権力を正当化している司法の枠組みの外で非常に大きく発達したものなのだ。そういったわけで、警察は法を絶えず参照することで公式に自らを説明するにもかかわらず、実践ではたいてい法に対して目をつむっているのである。この点についてベルティヨンはきわめて明快だ。つまり、警察は法をまったく使えない。それゆえ、警察官に退屈な法教育を課して育成しても何の役にも立たない。それのどこが彼らにとって有益だというのか。「法的知識は依然として第一に、これまでそうであったように、これからも、誰よりも法律を知悉している司法官の専有物であろう。しかし、これを適用しようという段になるとなんという違いが生じることだろうか！　司法は、法律が命ずることだけを実行すべきだが、警察にとって真実を明かす助けとなるならば、どんな手段でもよきものとされてしまう。警察は、法体系に関しては法と慣習が超えることを禁ずる境界以外、ほとんど知る必要はないのである」[233]。したがって、法は警察にとって、彼らの活動に対して定められた一つの外的境界としてしかみなされないのである。

そういったわけで、狩猟権力としての警察は法的な主体ではなく、運動中の身体と関わる。それは逃れるがゆえに捕獲しなければならない身体であり、通り過ぎようとするがゆえに塞いでくる手を遮らなければならない身体である。それゆえ、現代映画の物語のなかの演出によく見られるような、警察による狩りの要求と法の原則とのあいだの二律背反が生じる。有能な狩る者となるには、法をないがしろにし、さらにはそれに反してまで追跡をしなければならない。ところが、この二律背反は脚本家の脳内に自然と浮かんだものではない。法から警察へ移行するとき、一つの主権の領域から別の主権の領域へ、つまり、法という国家神学から警察という国家の唯物論へと移行する。国家は教権的な存在から俗権へと移行する。両者ともに同じ対象を扱うものの、それは異なる視線のもとで扱われる。

つまり、視線は、身体なき主体と主体なき身体にそれぞれ向けられるのである。

警察は、自ら追跡する身体とのあいだに動物的な序列関係を維持する。しかもその関係は、その身体が抱く情動に至るまで維持されるのだ。警察官がいうことを、どのように警察官が自らの行為を描写するのかを理解しなければならない。「BAC〔一九九四年に創設された国家警察の特殊部隊：犯罪対策班 Brigade anti-criminalité〕では、隠語で次のようにいわれる。「我々は狩人なのです。あの連中とは違います。あの連中とは兵士のことですが[234]」。今日では入念に隠蔽された秘密だが、一九世紀には公然の事実だった。つまり、警察は法律を遵守して行動しているのでなく、――これは警察の主たる行動原理ではない――、そうではなく狩りの悦びのために働いているのである。大作家のなかには、これを打ち明ける者もいる。バルザックは言う。「警察の人間は、狩人と感情のすべてを共にしている[235]」と。マクシム・デュ・カンは言う。「この職業に情熱を傾ける者がいる。このことは理解できる。人間狩りは、それを実践した者によると、あらゆる快楽のなかで最も心揺さぶるものだというのだから[236]」と。警察による狩りがもつ小さな秘密、それは警察官がそこから得る悦びである。

それゆえ重大な緊張関係や矛盾が生じる。つまり、警察の行動が法律を遵守することのなかにその主要な正当化の手立てを見いだすとしても、実践においてその行動へと突き動かすものは、まったく別のものなのである。それは狩り出す欲望と快楽であり、それとの関連では法律はそれらの感情が十全に満たされることを妨げる障壁のように見えてくる。

しかし、警察権力の体制であるこの捕獲狩猟体制は、さらに他の二つの大きな構造的矛盾によって特徴づけられている。

　一九世紀全体に関わる問題、それは何よりもまず、警察と犯罪のあいだの不安を覚えさせるほどの近さである。犯罪者を狩り出すためには、犯罪者を知悉するだけでなく、犯罪者と一体化して、犯罪者の環境に溶け込み、犯罪者のしきたり、言葉遣い、身なり、態度を取り入れなければならなかった。取り違えられるようになるまで、犯罪者に似せるのである。これは映画におけるまた別の大きな主題となっている。お巡りとごろつきのあいだで交わされる鏡の戯れ、狩る者と狩られる者とのあいだにある秘められた親和性、それは自分たちの顔を交換するまでに至る。

　一九世紀において、国家と犯罪のあいだの近親相姦関係を体現する人物といえば、当然のことながら、フランソワ・ヴィドックである。彼は警察局長になる前は徒刑囚だった。彼の『回顧録』の巻頭に置かれた端書きは、警察による狩り出しに必要な適性と、この任務に元徒刑囚を雇ったことのあいだにある直接的な関係を立証している。

「この人間狩りが、精神の緊張と傑出した能力に対して強く求めているものが何かを想像することはできないだろう。（中略）この優れた技術、真の警察官はそれを完全に所有するべきである。さらに現代のプロテウス〔ギリシャ神話で海の老人と呼ばれ、あらゆるものに変身する能力をもつ〕たる警察官は、いかがわしい店や悪名高いもぐりの賭場に出入りする、下賤な常連の足取りにみられる柔軟さと敏捷性のすべてをわがものにすることが必要なのだ。猫や蛇から取り入れた素晴らしき本能のすべてを。（中略）札付きの悪党がもつうかがい知れない狡猾さやうわべの表情は、公権力の熟練した代理執行者に欠かせない素質である。これらの特別な優れた性質を（中略）、ヴィドックはまとめあわせ、最高度にまで自分のなかに凝縮させていたのである」[237]。

問題は、警察は犯罪者狩りをおこなうために、採用した警察官から始まって、内通者、たれ込み屋、密告者、あらゆる種類の情報提供者に至るまで、犯罪者自体に依存していたことだった。その結果、ある懸念が生じることになった。「泥棒が泥棒狩りをするとき、彼らが最終的に結託しないかどうかなど決してわかりようがない。その場合、狩りはどうなってしまうだろうか。（中略）驚くべきことに、警察はこれまで後ろ暗い人間だけしか採用しなかったのだ。正直者は沢山いるというのに！」[238]。

以上のことからは、警察と犯罪者社会との厄介な関係を解消する政治的希望も生じる。つまり、職人芸的な狩りに科学的狩りを対置させたのである。科学的狩りは自律的な合理性を有しており、泥棒仲間とのほとんど共謀と見紛うような関係を免れるからである。最終的に、内通者をお払い箱にすることは一八世紀末から警察の活動に関する改革案のライトモチーフとなった。加えてベルティヨンのような人物による科学警察の計画は、警察の活動から、まさに狩り出す対象とみなされている人間たちとの腐敗した依存関係を一掃する意志の一環をなす。それは警察と犯罪の蜜月関係を実験室の冷徹な客観性に置き換えること、たれ込み屋の危うげな目を人体測定写真の光沢紙に置き換えることである。しかし、この新しい科学性がこれほどまでに力説されるのは、現実には合理的管理という理想郷のもとに、より職人芸的な別の実践が存続しているからである。その中心にあるのは人間の調査情報、すなわち犯罪者社会の活用であり、それが狩りそのもののために取り集められるのである。

問題は、警察が犯罪者社会と馴れ合って、それを自分たちの都合の良いように使うことだけにあるのではない。警察の行動が犯罪者の環境を組織化し、構造化することに貢献していることにもある。フーコーよりも遥か以前に、一九世紀の人々は刑務所の構造的欠陥を検証しており、狩りがその追跡を請け負っていた獲物は、実際は狩りが生み出しているという皮肉を力説していた。当時の司法官が表明していたように、刑務所は受刑者の道徳的な贖いの空間であるどころか、逆に習俗を腐敗させ、犯罪を培養する場として機能する。「我々の刑務所は、社会秩序の保証の証とはほど遠く、貪欲な害悪であり、犯罪と感染の温床であるということは誰もが認識している。再犯の漸進的な増加は大部分において、年齢、境遇、道徳観を問わずあらゆる囚人をまとめて一緒くたにする既成の慣習が原因であることは、みなの知るところである。それは、これ以上ないほどの軽はずみな混成であり、危険な人的交流であり、あらゆる種類の恥ずべき悪癖を横行させている。刑務所では胸がむかつくような交友関係によって、囚人たちがもっていた誠実さと恥じらいの最後の痕跡までをも奪い去られてしまうのである。そこでは、不届きな会話を通して最年長の者が最年少の者を育成し、最も凶悪な者が最もうぶな者にとっての手本の役割を果たす。まさに刑務所において、犯罪者の大半が育ち、多くの犯罪が準備されるのである。出所後に落ち合う元囚人たちのあいだでは、このように恐るべき不可思議な関係が結ばれるのだ。その結びつきは、狡猾かつ巧妙であり、当局による監視をすべて無効にしてしまう」[239]。刑務所は、犯罪現象を抑止することを目的としながらも、それを助長することによって犯罪の巨大な製造工場として機能している。このことは、その先行部門に位置する警察活動の意味にも影を投げかける。「まるで、パリでは警察官が犯罪者を養い、保護しているかのようだ。狩人が禁猟区でウサギを飼育しているかのように、ときおり一五日から二〇日間にわたって試しに犯罪者を捕まえて放してみたりなどしている」[240]。また、別の同時代人は次のように非難している。「わが国のあらゆる刑務所では、一緒に投獄されたというだけの事実によって悪徳、詐欺、盗難に関する相互教育が組織されているが、（中略）これが毎年フランスのあらゆる場所から、パリの元囚人たちの巨大な禁猟区に、警察犬では追跡できないおびただしい数の有害で危険な獣をさらに供給しているのである」[241]。これが監禁狩猟体制の第二の大きな矛盾である。つまり、犯罪が刑務所で生み出されるという悪循環だ。貧しい人々を閉じ込めることで貧困がなくなるわけではない。同様に、犯罪者を閉じ込めることで犯罪が取り除かれるわけではない。さらに悪いことに、このことが犯罪を増大させているのである。

いったん閉じ込められてしまえば、囚人が考えることは一つしかない。逃げ出すことだ。「勇敢なアンドレ・ファンファンは、数本の釘と自分の爪を使い、六か月のあいだ夜間のみ作業をして、腰かけの下に港に通じる六メートルの地下道を掘ることに成功した。（中略）抜け目のない徒刑囚はほとんどみな、特別な目的に使用する囚人の必需品と呼ばれる道具をもっていた。それはほとんどそれと分からないような容器のかたちをした鉄の箱であり、もっぱら次のようなものが入っていた。時計のバネで作られた穿孔器と呼ばれる小さなノコギリ、平のみ、カミソリ、ナイフ、ペンナイフ、口髭、お気に入りのかつら、つけ毛、鏡などである。彼らは普段、探すのが最も難しいところに、なくてはならないこの素晴らしい道具一式を隠している」[242]。

脱出が成功すると、別種の狩りが始まり、旧来の実践が引き継がれる。「徒刑場では、脱獄の通報があるとすぐに、三発の大砲が発射され、その事実は広く知らしめられた。それと同時に、街と農村の住民は逃亡中の漕役刑囚を捕まえるために動きはじめる。（中略）その際におこなわれるのは、地元の人々に囚人狩りと呼ばれているものだ。（中略）逃亡者の人相書きを載せたチラシが至るところに貼られ、憲兵班長などにも送られた。漕役刑囚を捕獲した場合の懸賞金は、場所によって港で二五フラン、市内で五〇フラン、農村部で一〇〇フランと定められていた[243]」。

狩猟権力としての警察が直面する最初の試練、それは逃亡者だ。追跡から逃れる能力は、逃亡者が政治的に危険な存在であることを示している。政治的に危険だというのは、相対的に国家の無力さが衆目にさらされてしまうからである。これはまさしく一九世紀末に起こったことである。アナキストによる連続爆破事件が発生し、容疑者たちがまだ逃亡中だったときのことだ。「警察の無能が笑いものにされ、人間狩りに対する熱狂のすべてに再び火がついた」と、ゾラは『パリ』のなかで書いている[244]。

危険な個人を逮捕する国家の能力に基礎づけられている治安権力の文脈において、盗賊やテロリストによるこれ見よがしの逃亡は、政治的危機であるだけでなく侮辱にも値する行為なのである。

それゆえ、国家は時には、旧来のモデルの再稼動を強いられる。一八七八年、オーストラリア政府は「叢林の山賊《ブッシュレンジャー》」のネッド・ケリーによる挑発を受けた。この悲劇的な山賊は、オーストラリアの砂漠に出没し、あり合わせの甲冑を身にまとい、追跡に放たれた警察官たちを待ち伏せし襲った。それに対してオーストラリア政府はある法律を発布した。誰であれ逃亡犯を見つけた者に銃で撃つことを許可する「重罪犯拘引法」である。[245] ここで問題となっているのは、狼男狩りの古い図式への――警察国家にとってはいつでも可能な手段だが――後退である。

この種の弥縫《びほう》策は、警察権力が主権権力の側にある弱さを吐露する結果になるだけに、危険なものである。つまり国家は、自らの力で逃亡者を逮捕できないことを公に認めていることになるからだ。しかし、逆に、大衆動員の要請によって、住民と国家が内部の敵に対して連帯する過程が始まる。そのとき、新たな流刑者の狩りは、共通の危険に対する国民の結束という図式に沿った警察権力の強化戦術となる。

そこで導入されるカテゴリーは、公敵ナンバー1というものである。これには古い起源がある。このカテゴリーは、公敵〔hostis〕と私敵〔iminicus〕を区別する戦争法のカテゴリーとなる前に、もともとローマの文脈で、暴徒や大逆罪を犯す者など、主権権力と皇子の身体を脅かす者すべてに対して適用されていた。[246]「公敵であると宣言された事実は、あらゆる司法手続きを無用にするのに十分だった。それゆえ、帝国内の誰もが、元老院によってそのような存在と今しがた特定された人間を殺す権利をもつ[247]」。公敵とされた者は主権者の敵であるがゆえ、全員がこの人物の敵にならなければならなかったのである。

この概念は、社会契約論において再び現れたが、修正が施されたかたちだった。そこでは、この概念は主権者との関係よりも、社会や法との関係において定義されていた。それでも公敵と宣言された市民は、「大罪によって祖国に対する反逆者や裏切り者」となって、[248]共通の敵として処刑されなければならないことには変わりはなかった。

現代における公敵ナンバー１の形象は政治的責任をもつ。ただし以後、この形象はもはや、主権者との関係や社会契約との関係で定義されることはない。二〇世紀の公敵であるジョン・ディリンジャーやジャック・メスリーヌが政治的形象になったのは、彼らが対峙した国家権力のタイプに起因する。国家から逃れたというだけの事実によって、彼ら自身の政治意識の内容がどうであれ――乏しかろうと明確に反動的であろうと――、彼らは国家に対して異議申し立てを実行しているように見えた。国家の追跡権力を公然と窮地に追い込むことにより、公敵は事実上、治安国家にとって大逆罪に等しい過ちを犯しているのである。それゆえ、公敵の形象に変化が生じる。つまり主権者に危害を加える者から、警察国家の追跡権力に刃向かう者への変化である。ところが、治安というものが狩猟国家を究極的に正当化するものになったまさにそのとき、狩猟国家を愚弄し、その治安能力の欠如を晒せば、死をもって罰せられることになる。これこそ、捕獲も可能だったにもかかわらず、彼らが通りのど真んなかで殺された理由である。

治安国家と公敵ナンバー１とのあいだには、非常に曖昧な関係がある。ディリンジャーの逃亡は、アメリカ警察の弱点を衆目に晒した出来事であると同時に、連邦政府の狩猟装置であるＦＢＩの創設によってその力を強化する好機でもあった。一九三〇年代の新聞において、〔捜査を指揮したＦＢＩ捜査官〕メルヴィン・パーヴィスによるディリンジャーの捜索は「現代の犯罪史上最大の人間狩り」[249]として描写され、逃亡者が目の前で殺される様子は以下のように賞賛された。「狩りは始まり、多くの犬が解き放たれ、男たちは即座に嬲《なぶ》り殺されようとしている」[250]。

盗賊に加えて、内側の敵を表すもう一つの主要な形象といえば、一九世紀を通してヨーロッパ中に影を落とした労働者による反乱の脅威である。弾圧をする段階になると、軍隊が警察を引き継ぎ、弾圧は植民地でより徹底しておこなわれているような狩猟戦争のかたちをとる。貧民が反乱を起こすと、貧民は原住民と同じように狩られたのである[251]。

一九世紀には、民衆が大きな反乱を起こした後に、定期的に残忍な人間たちが街に入ってきた。一八四八年にルーアンでは、最後のバリケードが大砲の下に崩れ落ち、叛乱者が平野部に撤退したとき、「獲物袋と二連式の狩猟用ライフルを携えた男たちが、労働者狩りを楽しんでいるのが見られた」[252]。このような例は枚挙にいとまがないが、その絶頂期において、これらの蜂起の鎮圧戦争でおこなわれていた人間狩りのことを最もよく示しているのは、「血の一週間」〔パリコミューン崩壊後の一八七一年五月二一日から二八日にかけておこなわれた大虐殺を指す〕である。

ヴァルター・ベンヤミンは『パサージュ論』のための研究において、血の一週間におこなわれたコミューン派狩りについて書かれた『イリュストラシオン』紙のある記事のことを思い起こした[253]。以下の文章である。「市内の通りで繰り広げられていた戦いは終わった。反乱軍はみな、自分たちの陣地に釘づけにならざるをえなかった。戦闘で殺されることもなく、逮捕も銃殺刑も免れた者はみな逃げることに救いの道を求めた。下水道に避難した者もいれば、〔現パリ一九区ムザイア地区にあった〕アメリカ採石場に避難した者もいたが、最終的に大部分はカタコンベに逃げ込んだ。（中略）カタコンベで人間狩りが始まったのは、その月の最初の数日だった。軍の一隊はダンフェール門を通ってなかに入り、他の部隊はモンスーリの平地に通じるもう一つの門をしっかりと固めた。それから、松明を携えて、兵士たちは慎重に巨大な納骨堂へと降りていった。つづいてそこで起こったことは容易に推測できるだろう」。

「カタコンベにおける人間狩り」[254]

# 第9章　狩りをする群れとリンチ

Meute〔群れ〕：古くは「蜂起」、「騒擾」、「軍事行動」（＝「暴動」）の意。転じて、狩りの実行を指し、そしてついには「猟犬の群れ」（中略）、「運動させること」を意味する。運動の第一義は、「暴徒」（中略）、「群がらせる」、「群れにまとめる」、「興奮させる」といった派生語のなかに残った。ドイツ語の Meute, Meuter, Meuterei は、それぞれフランス語の meute, séditieux, mutinerie に由来する。

『フランス語語源辞典』[255]

狩りをする群れは、近代世界では人間狩りをする大衆へと姿を変えました。このような事例として我々がよく知っているのは、人々が一人に突然襲いかかるリンチです……。（——アドルノ：「ポグロムを実行する群れですね！」）リンチの起源は、いうまでもなく、狩りをする群れというこの原始的な事例に遡ります。

エリアス・カネッティとテオドール・W・アドルノの対話[256]

ここまで私は、さまざまな権力のイニシアティヴによっておこなわれる人間狩りをとくに扱ってきた。この権力は、はっきりと識別できる、組織的なものであった。すなわち、主人の統治、司牧権力、君主主権、植民地の支配勢力、奴隷制支持者が有する権力、国家装置である。しかし、狩猟権力の歴史は、これらの典型例に収まらない。中央権力が存在するにもかかわらず、その後見から独立して、ときにはそれに抗いながらも、人間狩りを目的とした群れが、程度の差はあれ自発的に形成されるような状況もある。

　群れが存在するためには、まず、群れとしてまとまらなければならない。群れとは、数から力を引き出す集合的な存在である。獲物は、いったん捕獲されると、無数の打撃や噛み傷を受けて息を引き取る。これに関わった者はみな、獲物を殺したことになるが、誰も殺人者にはならない。群れは構成員を没個性化するからだ。ただし、その一体性は一時的なものでしかない。狩りが終われば、群れはばらばらになるのだ。

　ドゥルーズは、群れに、形式も組織も階層ももたず、絶えず変化する流動的な多様体の事例を見ていた。「群れのなかでは、各自が仲間を頼りにしながら動くと同時に、それぞれの位置は絶えず変化しつづける。（中略）こういうわけで、群れはつねに「配置されており」、その成員〔membres＝四肢〕はいつも周囲にある。（中略）私は、群れの足、手、脚だけでなく、肛門や目を通じて、群れに強い関心がある。群れ全体の位置に興味があるのだ[257]」。しかし、奇妙なことに、ドゥルーズが語る群れは、獲物のいない群れの様相を呈する。多様体としての群れについて彼が述べることは、実際、昆虫の群れや魚の群れ、つまり狩りを前提としない動物の集団にも適用されるからである。ところが、「全員で狩りをする動物の集団」という意味での群れは、固有の一体性をもっている。それは、たんに構成員それぞれが自分以外の構成員との関係において占める相対的な位置によってだけではなく、構成員全員が追跡中の獲物との関係において占める相対的な位置によっても定義されるのである。

狩りをする群れは、行動単位となることによって張りつめた状態になる。それは攻撃集団であり、その全集中力を向ける標的に対して素早く動く。カネッティは次のように説明していた。「私は、動物から群れという語を借りてきて人間にも用いる。この用語こそが、素早く動くという集団的側面と、いまここで話題にしている具体的かつ直接的な標的を、最も適切に表しているからだ。群れは獲物を欲する。獲物の血と死を欲する」[258]。群れは殺しのために存在するのだ。

群れという語は「森の動物を追跡する犬の群れ」を意味する前に、まず人間に適用される言葉であり、蜂起〔soulèvement〕、騒擾〔sédition〕、反乱〔insurrection〕を表す。それゆえ、群れは「暴動」〔émeute〕に由来するのだ。驚くべき語源である。群れは、動物や狩猟よりも前に、そもそも人間と政治に関わるのだ。以上のような言葉がどのような順番で形成されたかというと、まず犬が「暴動参加者」〔émeutiers〕に例えられたのであり、その逆ではない。またもやカネッティの指摘を引用すると、「古フランス語のmeuteには、（中略）蜂起、つまり反乱と、狩りという二つの意味がありうる」[259]。このように概念が奇妙に交差した結果、群れは政治に位置づけられ、暴動を煽る政治は狩りに関連づけられる。しかし、このような結びつきとは一体どのようなものなのであろうか。狩りをする群れが担うのは、いかなる種類の暴動を引き起こす力なのであろうか。

クロード・ニールは、一九三四年一〇月二六日、フロリダ州マリアンナでリンチを受けた。彼は、一九歳の白人の娘ローラ・カニディを殺害した廉で容疑者として逮捕された、黒人の小作人であった。群衆はこの逮捕に介入し、警察の手から彼を奪い捕らえた。その後の経緯は調査員によって再現された。「人々は、ニグロをグリーンウッドから約四マイル離れた森へ運び、ペニスを切り落とした。切られた本人はそれを食べさせられた。その後、睾丸を切除され自分で食べさせられる羽目になり、「これが好きなんだ」と言わされた。（中略）また、短刀で脇腹と上腹部を何度も切りつけられ、手指や足指を一本ずつ切除された」[260]。つづいて、焼きごてを押しつけられ、車で引き回された。犠牲者の母親に刺されたうえ、町の裁判所近辺で吊るし首にされた。

『パナマ・パイロット』という新聞は、上記のリンチをこう正当化した。「辱めを受けた女性の恨みを晴らすこと（中略）それこそが、数百人の男が仕事をやめ、狩りに加わった真の理由であった。彼らにはただ一つ、犯罪者を狩り出し、見つけ、（中略）娘がされたように情け容赦なく拷問をかけるという、重要な目的があった[261]」、と。

一九世紀に誕生したばかりの社会科学は、集団的な暴力現象に関心を示した。「群衆の心理学」や「犯罪集団の社会学」という社会科学研究の主要テーマの一つは、特殊なタイプの集合的主体がいかにして形成されるかを説明するために用いられる、感染や模倣の概念だけではなかった。そこには、当時の集団的な暴力現象において機能するものは、遺伝を通じて再出現した原始的な力や太古の本能であるという考えも含まれていた。この種のアプローチを見事に表しているのが、ギュスターヴ・

ル・ボンによって展開された、狩りをする群衆という理論である。「凶暴な破壊本能は、我々各自の奥底に眠っている原始時代の遺物である。孤立した個人がこのような本能を満足させることは危険であろう。他方、孤立した個人が、責任をもたない、したがって確実に罰を免れうる群衆のなかに埋没すると、本能の赴くままに行動できる自由が完全に与えられる。（中略）狩りを求める情熱と群衆の残忍性は同根である。無抵抗の被害者をゆっくりとリンチでいたぶる群衆は、卑劣な残酷さをよく表している。とはいえ、哲学者からすれば、この残酷さは狩猟家の有するそれと瓜二つである[262]」。

ここから、集団的な動員のかたちをとる人間狩りが問題として浮かび上がった。それは、何かわからないものが再び出現するという表現で、あるいは、人間が原始時代の野蛮な状態に奇妙なかたちで再び陥ってしまうという表現で、長きにわたり提起された。つまり、問いはこう言い換えられる。「太古の時代の暴力は、どうして文明のなかにさえ舞い戻ることができるのだろうか」、と。しかし、ここには問題がある。このように問いを提示すると、解く気などまったくないと言っているようなものだからだ。直線的な進歩を説く哲学にしたがって、「文明」（現在）は野蛮性（過去）を排除しているとの前提から出発すると、理解を絶するアナクロニズムを確認するにとどまってしまうのである。人間は時計の針にしたがって過去から進化してきた、だから野蛮性は文明に外在するものだ、とすると、野蛮性が現代のものでありうることを実際には捉えきれない。つまり、いかに野蛮性が「文明」のなかに居座りつづけ、「文明」が「文明」であるための隠れた必要条件となりさえしているのかがわからなくなるのである。

フレデリック・ダグラスは、晩年、リンチ問題に関する一篇の論考のなかで、暴力についての耐え難い話を読んだ良識ある人々の問い、「文明化された普通の人々にどうしてこんな残虐なことができるのか」に答えた。彼は、この問いのなかで暗黙裏に表明されている考え（すなわち、こんなにも残虐に処罰されたのは、おそらく、犠牲者がいわば咎められるべきであったからである。文明化された人間の共同体が、かくも一致団結して、まったく非のない人々にこのような罰を与えるなどありえない、という考え）をまず明らかにし、次に、アメリカ南部の普通の人々は、現在ありふれているのと同じ正常さをもっておらず、その意味では普通ではない、と返答している。彼らは、男女問わず、奴隷制を肯定する制度のなかで育てられた人々だからである。権力が法に縛られず完全に行使されることに、幾世紀にわたって慣れてきたのだ。彼らはまた、物心がついたときからニグロを軽蔑するよう教育され、自分たちの人種的優位を確信していた。「リンチ参加者がありふれた人間であるとの前提に立つと、誰もこの問題を正しく議論できない。今回我々が相手にしなければならないのは、本性の状態にある人間ではなく、思想、習慣、慣習をありふれた人間とまったく異にする人間である。（中略）人間の本性が有する正義や親切心についての規範は、暴徒が支配する体制にも、奴隷制を肯定する共同体の習慣や慣習のなかで育てられてきた人々にもそぐわない。私には、そうした習慣が何であるかが理論的にも実践的にもよくわかる。（中略）次のことを心に留めておくべきである。今日、彼らは自分以外の人間も共有する、人間としての生に、敬意を払っているわけではないし、払ったことなど一度もなかった。彼らのあいだには、何百年にもわたってつづいてきた特別な制度があり、これこそが彼らを特別な人間として特徴づけた」[263]。ここでダグラスが指摘するのは、人種主義を肯定する社会においては、暴力がずっとつづいてきたということである。リンチが突然激しい勢いで生じるのは、晴れ渡る空に雷鳴がとどろくことと同じではない。被支配者の生をさまざまな観点から継続的に軽蔑しつづけてきた結果生まれた正常な状態が、極限に達したのである。また、リンチの勃発は、暴力の連続、心象風景、さらには殴る、侮辱する、殺すなど大昔からつづいてきた行動と結びついている。それゆえ、どうして正常な状態から例外が発生するのか、あるいは文明化された人々がどのように野蛮状態に再び陥るのかを理解することは、ここでの問題ではない。むしろ、このような正常な状態を規定してきた歴史的・社会的な組織構造のなかで、何が、突如事件に結びつきうる糸を束ねて、リンチを正当化するのかを問わなければならないのである。フェミニストは、女性差別主義者による暴力行為がずっとつづいてきたということを理論化した。この理論は人種主義に基づく暴力にも適用可能である。

人間の群れは、リンチというかたちで、民衆の復讐を代行する姿を呈する。民衆の復讐とは、ある種の内在的な「正義」が、権利や法とはまったく関係のない行動規範のなかで、司法制度を軽視して行使されるものだ。これは、取り調べなしにおこなわれる罰である。法体系にも、法に基づく命令や手続きにもよらない死刑罰であり、実際の罪状や証拠にかかわらず下される残忍な処罰である。狩りをする群れが反乱を引き起こす力を有しているのは、攻撃して暴力を振るうその動きが、権力機関や国家の有する制度化された暴力を無視するものだからだ。それは、法の秩序に対抗する、つまり処罰に関わる制度的手続きに抗う暴動なのである。

牢獄を襲撃するのも、法廷に押し掛けるのも、獲物を捕らえるためである。しかし、国家の権威を蔑ろにするとしても、国家と共謀して獲物を捕らえることもある。実際、予告されたリンチを妨げるために、権力機関が介入することなど稀にしかなく、リンチ参加者への罰はもっと例外的である。リンチは、ほとんど罪に問われないゆえに、事実上容認されているのだ。人種主義的な狩猟体制の存在を示す疑いえない証拠は、暴力の実行犯がまったく不安に感じていないことである。処罰されないのなら、殺人が容認されているも同然だからである。

リンチ集団は、警察の特権や刑罰上のそれを、法に抗って再び自分のものにすると同時に、合法的な権力のもとで実質的かつ本来的な権力として自らを再確認する。つまり、憲法制定権力の最重要の法源としてのみならず、この権力を絶えず再活性化させる法源としても自らを規定し直すのである。制度や法が有する形式的な権力のもとには、何もかもを生み出す民衆が存在する。その民衆とは、白人という特権階級《カースト》であり、それが国家の実体をなすのである。

しかし、以上の力の証明がはっきりと示されうるためには、特別な犯罪行為を必要とする。この侵犯行為は、その不愉快極まりない特徴により、それに対する反発として、ただちに司法の正常な領域から逸脱することを求める。このような状況を可能にする、糾弾すべき典型的な行為が、白人女性の強姦であった。「咎めるべきこういったことが起こってしまうと、誰がどういう方法でやったのか、根拠があるのかないのか、本当なのか虚偽なのかは、ほとんど重要ではなくなる。罪を咎められた者は、いずれにせよ、間違いなく即刻死刑に処せられる」[264]。さらにフレデリック・ダグラスは、当初はありえなかった以上のような方法での糾弾が、以前には黒人のリンチを正当化していた、騒擾に対する罰に後々取って代わるようになった経緯についても明らかにした。この変化と並行して、黒人男性は、人種主義者の心性では、性的暴行犯の典型例となった[265]。女性への侮辱行為は、黒人男性だけがもつ属性となり、その代わりに白人男性が人種主義に基づいて暴虐の限りを尽くすことを正当化した。特権的地位にある白人男性は、守らなければならない、恨みを晴らさなければならない存在としての白人女性という象徴を用いることで、「社会や家族のなかでの「主《あるじ》」としての役割だけでなく、家父長制的な所有権をもっていると再度強調しながら文明の保護者」[266]のように自己呈示できた。

家長《パテル・ファミリアス》だけが、古来、家族の成員に対して生きる権利および死ぬ権利を握っている。ところが、この権力は、国家から攻撃を受けることで疑問符を突きつけられ、家長はその保持を主張し直さなければならなくなる。これこそが、物事を国家に放任することに対する拒絶を説明するものである。家長はこの権力がつねに自らの掌中にあることを示さなければならない。こういうわけで、容疑者に対しては公衆の面前で罰が与えられる。リンチにつきものの去勢行為は[267]、被害者に与えたのと同じ苦痛を科すという単純な論理でなされるのではなく、男根をもっているのは白人男性だけだと、これ以上にないほど文字通りに再確認することに役立った。リンチにより家長の権力を取り戻せたのであり、狩りをする群れを介して、政治的共同体の領域を家父長制的な家族のうえに再び定めることができたのだ。

ジョージア州のリンチ参加者はこう説明している。「北部の奴らはニグロとうまくやっていけると信じてる。でもあいつらは、もしニグロがめちゃくちゃやったら、白人が何をされるかわかっちゃいない。誰が主人なのかはっきりさせておかないと面倒だぞ。（中略）この地域のニグロはいい奴ばかりだ。身の程をわきまえられていて面倒を起こさない。しかし、白人の女をレイプしたあのニグロはワルの方なんだ。確かに、あの女はヤリマンだ。それはみんなわかってる。俺は、女があのニグロを探してたことも知ってる。だからなんなんだ。女は白人で、あいつはニグロだろ。放っておくわけにいかねえ。だから、俺らはここにいる。森であいつをとっ捕まえるんだよ。（中略）俺には、俺のために働いてくれるニグロがいる。まったく問題ない。身の程をわきまえられるからだ。森にいるあのニグロは、保安官より先に俺らがとっ捕まえて、陽が沈む前に殺ってやる。そうすりゃみんな満足なんだよ」[268]。

ここには、女性差別主義者の全常套句が見られるが、明らかにこのリンチ参加者にとって、問題は強姦ではなく、強姦の容疑者の男性が黒人で女性が白人であるということだ。強姦を糾弾するためにリンチを求めるのは、肌の色の境界が黒人男性から白人女性の方へ侵犯されるときのみである。黒人男性が白人女性を襲う、あるいは結局同じだが、そうすると疑われるのは、彼が「身の程をわきまえ」られないことのしるしである。「ニグロは身の程をわきまえなければならない」という表現は、暗黙の派生的意味として、ニグロが身の程をわきまえることは、白人が自らの地位、つまり、人種的に優位な特権的地位を保持する条件であることを含意している。

ところで、支配者と被支配者のあいだにある、暴力の不可逆性原則に基づく支配秩序に対して、脅威を与えるには、白人も、おそらくはとくに黒人も、誰もが黒人男性は一人の白人女性に何の罰も受けずに触れられると考えるだけで十分である。このように考えられると、すぐさま危険な状況が出現するかもしれなかった。よって、こうなる可能性は、冷酷極まりない暴力によって打ち消してしまわなければならないのである。容疑者が実際に罪を犯しているかどうかは、リンチ参加者にとってまったくどうでもいい問題であった。

ここにおいて、狩りをする群れの目的は、独自に死刑をおこなうことを別にすれば、過去にあった他の狩りの形態(後述)とは違って、獲物となる集団を排除したり殺戮したりすることではなく、人種に基づく社会の支配を厳格に維持することである。リンチ参加者は、木々に吊るされた死体に張り紙を残すことがあった。その前を通る黒人に通告するためである。リンチとは、被支配集団に向けて、あるべき秩序を想起させることなのだ。オリヴァー・C・コックスが述べたように、「リンチによって、ニグロの地位は固定される。彼らは、みなが共有できる、使い勝手のよい労働力の大備蓄庫としてとっておかれるのだ。(中略)リンチとそれによる脅しは、白人支配階級にとって現状《スタチュ・クオ》を維持するための最も基本的な方策である。生死に関わる社会的な要求を満たすためには、合法性を下から支える先進的な装置が重要である。この社会的要求は、西洋社会が民主主義という揺るぎない慣例を有するがゆえに、形式的な法では満たされえないからである[269]」。

リンチは、支配者が被支配者に対しておこなう反乱という、歴史的に忘れ去られてきた事例に属するものである。支配関係を永続させるためにかつての奴隷に対しておこなった、主人の暴動なのである。

同時期、他の場所では、人種主義に基づくまた別の群れがいくつも形成された。この群れは、浅黒い男が追手の集団から逃れるために走るという表面的な類似点を別にすれば、本章で紹介してきた狩りとはまったく異なる力学に従うものである。

# 第10章　外国人狩り

さらに、この外国人労働者狩りについて熟慮を要することは多々あるが、我々がつけ加えたいのは、万国の労働者、プロレタリアは互いを兄弟と認め合わなければならないということだけだ。つまり、どこへ行ってもみな同じように不幸であると思わなければならないし、どこへ行ってもみな、搾取者に対して団結しなければならない。

フレデリック・フロバン（仕立職人）
ペテル・ワルタンス（家具職人）
フィリップ・レプネル（なめし工）
『ラトリエ』一八四八年四月[270]

一八九三年八月一六日、エグ＝モルト近郊の工事現場で、イタリア人労働者一名が飲料水タンクに自分の汚れたシャツを浸した。その後、フランス人労働者とイタリア人労働者のあいだで殴り合いが起こったが、これだけでは済まなかった。「この襲撃のニュースは、ほどなくしてさまざまな工事現場に知れ渡った。（中略）労働者は団結し、シャベルで武装して、四時頃に正真正銘の人間狩りを開始した[271]」。当局は、イタリア人労働者の退去を決定した。「フランス人たちは、石を投げ「イタリア人に死を！　国へ帰れ！　お前らの血をよこせ！」と叫びながら、我々の後を追ってきた。（中略）

四〇〇名ほどの人々が列をなしてデモをおこなった。先頭には三色旗と赤旗の二枚の旗。赤旗にはイタリア語でこう書かれていた。「イタリア人に死を！　今日お前らをソーセージにしてやる！」、と。（中略）怒り狂ったフランス人たちは、逃げ遅れた人々に襲いかかり、棒で殴りつけた。（中略）踏みつけ、石の雨を降らした。最も不幸な目に遭ったのは、トリノ出身の男である。彼は逃げられると思ったものの、顔は血まみれになった。それでも立ち上がって「離してください、私はコルシカ人です。フランス人なんです。助けてください」と叫んだが、無駄に終わった。石を投げつけられ棒で殴られた彼は、道の真ん中で息絶えたのだ[272]」。夕暮れまでに、合計数十人の死傷者が出た。翌日、エグ＝モルト市長は公式声明を発表した。「企業によるイタリア国民への仕事をすべて取り止めとする」、と。

民衆暴動の体裁をとるこの人間狩りにおいては、明らかに政治的な目的が追求されている。追放である。「死を」と叫び実際に殺すのだが、死を求め殺人を犯すのは外へ追い出すためである。リンチのライトモチーフは、「ニグロは身の程をわきまえなければならない」であったが、排外的な狩りのそれは、「外国人は出ていけ」なのだ。前者は隔離を求める人種主義的な狩り、後者は追放を求める排外的な狩りである。後者の狩りをする群れは、移民を町の外に追放しつつ雇用から締め出すことを要求する。

敵意が、フランス人対イタリア人のようないつもありきたりの表現で、国民間の対立として語られるとしても、敵対関係《アンタゴニスム》は何よりも社会的なものである。外国人狩りとは、外国人労働者を狩ることである。※エグ＝モルトの事件の後、ナポレオン・コラジャニは「イタリア人狩り」という表現がどれほど不正確かを示した。イタリア人以外のマイノリティも同時期に同じような暴力に遭っていたからだけではない。それよりもむしろ、どんな場合においても「このような狩りは最下層の労働者に対してなされる」からである。彼はこうつづけた。「フランスで、憎しみと政治的なルサンチマンが社会の奥深くに存在し広く行き渡っていたのであれば、それらは何よりもフランスの教養層に向けて顕在化していただろう」。実際にはそうでなかったので、「憎しみや、国民としてのルサンチマンは、エグ＝モルトの悲惨な出来事とはあまり関係ない。少なくとも、本質的な動機ではない。こう結論づけられると思う[273]」。

暴力は、国民同士の憎しみの感情ではなく、むしろ、出自で区別される二つの労働力集団が労働市場で競合することに由来するものであった[274]。排外的な狩りは、給与をめぐる競合によって生じた狩りだったのだ。その論理はいわゆる共食いである。搾取される者同士、貧しい者同士、労働者同士が、捕食し合うのだ。

資本主義は、排外的な暴力を生み出したのではないにせよ、自分のものである強力な共食いの力学にこの暴力を結びつけた。そうすることで、この暴力にはまた恐るべき社会的な力が与えられたのである。それはさておき、なかには以上の状況をただちに理解した政治運動もあった。

一八九三年、エグ＝モルトの事件の直後に、保守系の新聞は、外国人労働者に対し「工事現場にフランス人のパンを奪いにくる安価な労働者」との烙印を押し、「害をもたらすいかがわしいイタリア人労働者という名の商品に高い関税をかける[275]」ことを要求した。こういった扇動に呼応して、パリは外国人狩りを呼びかける職人の張り紙で溢れ返った。「我々は外国人に侵略されている。ただでさえ少ない仕事が、ドイツ人、イタリア人、ベルギー人などの外国人にとられているのだ。（中略）同胞よ、エグ＝モルトやナンシーの同志を模範とし、外国人を追い出そう。我々の血管にはフランス人の血が流れていることを見せつけようではないか[276]」。

以上の出来事を暗示するようだが、一八九三年は、「国民社会主義」の精神的指導者モーリス・バレスが、小冊子『外国人に抗って——フランス人労働者を保護するための研究[277]』を出版した年でもある。彼は国民の労働を保護する弁護者の役回りを買って出たのだ。五年後、彼は自らの選挙綱領のなかで同じレトリックを使っている。「外国人は、フランス人労働者と競合する工事現場でも、寄生虫のように我々を蝕んでいる。フランスの新しい政治を生み出すに違いない重要な原理とは、この侵略から国民全員を保護することである[278]」。

「保護」は、新しいスローガンとなった。「我々が製品を保護しようとするのは、自国の生産者、す

※　ここで「外国人狩り」と訳出したles chasses à l'étrangerとは、前段落の説明にある「追放」を意味しており、日本語では「外国人排斥」と訳すのが自然であるように思われるが、本書のテーマである「狩り」を明示するために本章では可能な限り「外国人狩り」の訳を採用する。

なわち経営者と労働者を保護するためである。ゆえに我々は、フランスで働く外国人労働者よりもフランス人労働者を優遇するための方策を講じる」[279]。商品についての保護主義の論理を労働者へと広げること、これは準拠の移転であり、保守派で国民を優遇する右翼は、このことを通じて、一九世紀後半に民衆の外国人憎悪を政治綱領で表現しようとした。保護や保護主義といったモットーは、同時に外国人狩りや自国民の優遇を主張する際のスローガンとなった。

極右の理論家は、経済危機を背景に排外的な暴力への熱が労働者階層のあいだで盛り上がった一八八〇年代にも、この政治活動を先導した。社会主義が、労働者のストライキのなかに政治勢力としての社会主義をもたらしうる社会的な力を認めていたように、反動的かつ保守的なナショナリズムや人種主義的かつ反ユダヤ主義的なナショナリズムは、外国人労働者狩りのなかに自らの社会的な力を見てとる一方で、権力獲得のための萌芽を、すなわち人々を動員する潜在的な力を見てとったのである。

ところで、商品に対して講じられてきたことを労働者の移動に対しておこなうこと、つまり人間を物と同じように扱うことは、かなり前に取り上げられた考え方だが、極右の思想ではない。一八四〇年代半ば、経済学者フレデリック・バスティアは、労働者の新聞『ラトリエ』の執筆者たちに自由主義的な立場を批判されたので、彼らの言説には明らかな矛盾があると指摘しながら、次のように答えた。外国人労働者を締め出す保護主義は拒絶するのに、外国の商品から自国の商品を守る保護主義を容認するというのはどういうわけなのか、と。「フランスでは、何を保護するのか。大工場で大企業家が作り出す物、すなわち、鉄、石炭、毛織物である。(中略)しかし、外国人の職は、あなたがた労働者を傷つけるようなかたちで市場に現れ、他方で大企業家の役に立っている。それなのに、我々は外国人の職を市場に入れていないというのか。服や靴を作っている三万人のドイツ人はパリに存在しないのか。我々は毛織物を突き返しているのに、なぜドイツ人にあなたがた労働者のそばで居を構えさせているのか。(中略)ドイツ人の仕立て職人やイギリス人の土工を追い返せと言っているのではない。毛織物や線路を市場に入れるよう求めているのである。すべてに正義を、法の前ではすべてが平等であるよう求めているのである!」[280]。ここでの筆者の才覚は、状況が限定されてはいるものの、自由貿易推進派の説を社会主義者のようなレトリックで書き直すことにあった。この文章では、まず平等がテーマとして再び取り上げられているが、非常に特殊な意味で用いられている。ここでいう「すべてが平等」は、以後非常に広い意味をもつようになった。物と人の平等である。この原則に従えば、商品が労働者と同じように流通の自由を享受しなければならないというわけだ[281]。次に、社会正義という言葉で保護主義者のブルジョアの道徳を二枚舌だとする批判さえ見受けられる。彼らは自分自身のために〔外国の製品との〕競合を拒否しながら労働者同士を競合させている、とバスティアは主張しているのである。彼はここで背理法による論証を用いていた。すなわち、労働者の自由な移動を拒絶するのではなく、逆にこの自由に異論の余地がないことを根拠として、労働者と同様に商業の自由にも根拠を与えることが重要だというのだ。この議論は、巧妙ではあるが危険なものであった。資本家によって労働者が競合させられている状況に唯一取って代わりうる手段として、自国の雇用市場の閉鎖と外国人の締め出しを認めるも同然だったからである。

保守派の右翼はすぐにこの綻びを利用し、そこにイデオロギーの観点から自分たちにとって重要なものがあることを理解した。先に触れた論争の前提を自分の主張として取り上げ直し、一八四〇年代末以降、自国民の労働を保護するという名目で外国人労働力の追放を要求し始めたのである。[282]歴史の皮肉だが、先ほどの自由主義者の言説のなかで労働者の運動を自由貿易推進主義に転換する逆説的な議論として現れたものは、まず保守派の右翼に、次に人種主義者かつ反ユダヤ主義者の極右に、それぞれの政治綱領の母体となる原則を提供していたというわけだ。

ところで、自由貿易推進派が始めた前述の論争は、自由貿易か保護主義かの単純な二者択一として提示されたものの、初めから不利な状況に陥れられた。実際、この議論は、保護されうるものをこうと決めてかかり、前提とされていた保護対象が適切かどうかを疑わなかった。このような枠組みのなかで、保護の対象はただちに国民となり、外国人が脅威となった。にもかかわらず、バスティアが提起した問い、「何を保護するのか」は、ある意味では的を射たものでありつづけている。何が保護の対象でなければならないのか。また、何が脅威なのか。我々は何から保護されなければならないのか。ただし、いずれの問いも、議論が自由貿易と自国民の保護とを対立させるかたちで表されると、議論から即座に締め出されてしまう。

労働者の運動は社会的保護の権利要求を掲げていた。労働法の発展と労働者の集団的連帯制度を原則に据えるよう求めさえしていた。こういった権利要求は、資本家によって労働者の生活が軽んじられ、労働が搾取されていることを、明確に主たる脅威として捉えていた。逆にいうと、自国民を守ることが保護と捉えられたために、置き換えと圧縮※を通じて、外国人があらゆる脅威の発生源でありそれを体現するものとなったのだ。このとき、労働者は、もはや経営者の権利濫用からではなく、労働者自身から、いやむしろ、労働者のなかで敵とみなされる一団から保護されなければならなくなった。こういった置き換えの結果、さまざまな労働者集団の現状の心象地図が描き直され、ある政治的な同一化がもう一つのそれに抗って作動することになった。すなわち、階級意識よりもフランス国民であるというアイデンティティが前面に出るようになったのである。この変更手続きは抜本的なものであり、根本的に危険なものであった。基本的なレベルで政治の用語そのもの、つまり友と敵の定義やそれに関わる対立および敵対関係の見取り図に影響を与えたからである。

排外的な政治の始まりとなる行為は、保護されなければならない者と、保護の対象から除外されうる、あるいはもっといえば、そうされなければならない者とのあいだに境界を設定することである。政治的な外国人憎悪は、こういった境界画定行為によって定義されるのだ。先述したように、この区別の大本は経済的な言説に負っている。生物学的な人種主義は、こうした装置と混ざり合い、その結果、保護に値する者の本質を定義し、国民の概念に実質的な内容を提供するのである。しかし、理解

※　フロイトの用語かと思われる。概して、「置き換え（déplacement / Verschiebung）」とは、ある表象への情動を別の表象へ向け変えること、「圧縮（condensation / Verdichtung）」とは、一つの言葉や表象のなかに多様な要素を凝縮して表現することを意味する。

しておかなくてはならないのは、人種や血によるアイデンティティの定義は、上記の装置の働きには必要不可欠ではないということである。文化や歴史による定義もまた、アイデンティティにとって必要なものとされうる。国民のアイデンティティは、ある種のX〔明確に定義できないもの〕である。それゆえこのXはさまざまな仕方で満たされることになるのだが、それは「国民」とは何かを積極的に規定するものが、ここで提起された排除のメカニズムにとって二次的な要素でしかない限りにおいてである。言い換えれば、これこそが本書で取り組む系譜学の教訓の一つなのだが、政治綱領としての外国人憎悪に基づく排除は、人種理論を前提としないのだ。アイデンティティに関するさまざまな理論は、「国民」を指示する用語を副次的にしか規定しないのである。この用語には排除の構造が欠けている。政治的な観点からすれば、この構造はアイデンティティに関するさまざまな理論に先行して存在するからである。同様の理由から、人種主義のイデオロギーを論駁することは必要であるが、それだけでは政治的な排除の体制としての外国人憎悪を抑制できない。人種主義のイデオロギーは、実際にはまがい物でしかなく、首尾一貫したところのない妄想の産物や言葉のうえでの存在であるものを自然にもともと存在する実体とみなしている、というだけでは不十分なのだ。さらには、人種主義のイデオロギーに、それに取って代わる政治的同一化の規定や、保護や保護されるべきものに関する別の考え、また、捕食関係に抗って集団的な保護をおこなうための新たな政治的カテゴリーを対置しなければならないのである。

『ラトリエ』の執筆者たちは、バスティアに対してこう返答した。「我々は、フランスに働きにくる外国人労働者を追い出すことなどまったく求めていない。[283]フランス国民の雇用の確保を口実にしても、そのようなことは要求しない」。しかし、執筆者たちが外国人労働者の排除を否定したのは、彼らが道徳的価値に、また利他主義は経済的利益に勝らなければならないという考えにほぼ完全に拠って立っていたからである。「外国人の労働によりフランス人の働き口が減っている。フランス人の給料も外国人との競合により下げられているはずである。こういった状況は、我々の良く理解しているところであるが、我々に深刻な打撃を与えてはいない。こういうわけで（中略）我々は、儲けを最優先するあの階級の真似などしないのである[284]」。つづいて議論は、開かれた愛国主義に依拠した。フランスに留まる者はフランス人になり、立ち去る者も「ある程度までは我々に属する」。彼らは「我々」と接触すれば、「我々の考え、我々の信条」を自分のものにするからである。このように、執筆者たちは友愛概念を援用した。啓蒙主義を基にしたコスモポリタニズム、およびフランス革命支持者の言説から継承した概念である。フランスは普遍主義を体現した国であり、普遍主義の源なのだ。しかし、このように定式化された彼らの主張には厚みがなかった。排外主義という選択肢は拒絶されたのだが、それはある考えによってであった。確かに寛容ではあるものの、政治的展望に関してはほとんど無力な概念である。というのも、この概念では、バスティアが非常に戦術的な駆け引きによってとった観点、つまり、階級利益の観点には応えられないからである。こうして、共和派の労働者は難しく危うい立場に置かれた。すなわち、労働者階級の利益は、外国人を嫌悪して雇用市場から締め出すことによる利益と一致するのだと認めないわけにいかなくなり、その後、この物質的な利益が有する力には、もはや人権の祖国の道徳的価値しか対置できなくなってしまったのである。

一八四八年、二月革命と六月暴動のあいだに、外国人狩りがパリで起こった[285]。共和派、進歩派を支持する労働者の新聞『ラトリエ』は、この「自分勝手な意思表明」を非難するためにすぐ反応し、さらにはこの狩りがごく小規模なものであったことを強調した。

ドイツ人移民労働者の一団は、『ラトリエ』の執筆陣に対して手紙を書き、同紙の立場表明を褒め称えた。「外国人の労働者や店員をパリから追い出そうとしている人々の不正かつ無分別な試み[286]」に抗った、と。彼らの手紙は、「国民かそうでないかを基準にする排他主義〔l'exclusivisme national〕」に魅かれる気持ちに抗うためのあらゆる議論を刷新した。彼らによれば、「外国人狩りは、いくつかの点で非常に有害であろう。一、それは、「あらゆる記念建造物と大統領令に刻まれている友愛」という聖なる言葉を恐るべき方法で否定する。二、それは、諸外国の統治者ではなく国民に、フランス国民への反感を抱かせる。（中略）三、それは、フランス人労働者の雇用条件を少しも改善しない。パリに二〇万人の労働者を配置するとして、五万人の外国人労働者を追い出してみよ。（中略）フランス人労働者の四分の一に相当する外国人労働者が出ていった後の穴は、地方のフランス人ですぐに埋められないのではないか[287]」。そう、ここでは、道徳、実利、経済という三つの観点が融合しているのだ。

しかし、執筆者たちはこの説明文につづき、以下のようなまったく新しい政治声明に分類される檄文をつけ足していた。「万国の労働者、プロレタリアは互いを兄弟と認め合わなければならない。つまり、どこへ行ってもみな、同じように不幸であると思わなければならないし、どこへ行ってもみな、搾取者に対して団結しなければならない。我々労働者にとって、「友愛」は、このように痛ましさと惨めさを示す語である。しかし、友愛は、万国のプロレタリアがあらゆる面で偉大かつ崇高な復活を遂げるという希望をも意味するのだ」[288]。

他方、この檄文には、執筆者たちの立場の独自性、さらにはその活力がよく表れている。実際、彼らの主張に従えば、階級利益そのものが、その方向性が理解されることによって、憎悪感情による外国人排除に対する抵抗を促すという。人々が自由に行き来できるおかげで、フランス人労働者は、「我々の」諸原理というミルクで外国人を育てつつ解放の精神を世界に植えつけられるようになるというと、これはお国自慢がすぎる尊大な態度を下手に露呈する考えであり、筋の良い議論ではなかった。国民かそうでないかを基準にする排他主義によって、労働者階級に致命的な分断がもたらされ、団結して共通の敵と戦えなくなると説くのが適切だと考えられたのだ。

この新しい枠組みにおいて、搾取される者は互いを兄弟と認め合わなければならない。友愛は、何の媒介もなくそれだけで本質を伝えるものではなく、互いに承認し合うことを必要とする。ところで、こういった相互承認は、もはや共通のアイデンティティの本質を通じてではなく、生きてきた境遇が似ているという意識を通じてなされる。共通性を作り出すのは、出自でも特定のアイデンティティでもない。環境、共有された社会的地位、移し変えることのできる経験である。このような独自の友愛概念をもってすれば、血統や生まれによってではなく、他者の境遇のなかに自らの境遇を認めるだけで、人は兄弟に、あるいは姉妹になるのである。

ここに隠れている哲学的な問題とは、政治的な主体の存在様態に関するものである。つまり、実体としてではなく、さまざまな同一化が交差する働きを通じてこの集合的な主体を定義できるのかという問題である。この働きのなかでは、人は、境遇が否定的な意味で共通性をもつ点において互いを承認する。ここで相互承認の根拠となる共通条件は、否定的な境遇、すなわち搾取されているという境遇だからである。ここから「痛ましさと惨めさ」という友愛の新しい概念も生まれる。そこにブルジョアの普遍主義に見られた無邪気なニュアンスはない。以後、友愛は辛さを意味するようになる。不幸な兄弟を結びつける概念だからである。しかし、苦しさを媒介としたこの団結は、別の局面、すなわち闘争の局面を迎える。極貧の兄弟は武装する兄弟となるのだ。こういうわけで、国民かそうでないかを基準にする排他主義が拒絶されるのは、もはやたんに人々が普遍的に平等だからではない。戦略的な帰結に対する団結ゆえである。階級に基づく友愛を通じて、戦いを辞さない団結が、国境を越えて根拠づけられるのだ。ところで、この概念は、雇用市場における自由競争とも、外国人の締め出しとも相容れないので、自由貿易推進派か外国人排斥主義者のどちらかに与するという二者択一を拒絶しつつ、二正面対決を可能にする。問題は、外国人労働者との競合から自国民の労働者を守ることではなく、資本主義によってもたらされる競合からすべての労働者を守ることである。労働者を分断する競争に、外国人の締め出しではなく、社会的連帯を対置させることが重要なのだ。

先に引用したドイツ人労働者の公式声明は、これより二か月早くロンドンにてドイツ語で出版されていた『共産党宣言』に、一字一句正確に対応したものである。直接的な影響は明らかだ。すなわち、パリで移民労働者が同書の表現を最初に使い、また政治的に応用したのであり、それは外国人狩りに抗うためであった。階級闘争かあるいは外国人排斥かという二者択一は、かなり早くから提起されていたのである。

一九世紀末、反ユダヤ主義やあらゆる種類の人種主義を激しく非難し、断固としてバレスに敵対したベルナール・ラザールは、極右によって当時展開されていたイデオロギー的術策の方向性を完全に把握し、その歴史的な帰結をよく理解していた。「愛国主義の名を借りたエゴイズムに、自国民優遇主義に警戒せよ。そのうち、高くつくことになるからだ。命まで奪われてしまうだろう。また、偽社会主義者にも注意せよ。給料が安いのは外国人労働者やユダヤ人のせいだ、両方とも追い出してしまえば幸せになれる、といってくる輩だ。お前を極貧の兄弟や鎖でつながれた仲間に歯向かわせることでブルジョアが自らの手を汚さないで済むのなら、彼らはどれほど笑うだろう[289]」。

# 第11章　ユダヤ人狩り

――マルク・ボニェ：人間狩りを実行するのですか。

――ピエール・ラヴァル：あいつらが隠れている所はすべて捜索されるだろう。

マルク・ボニェ牧師（シマド〔二〇一頁参照〕会長）とピエール・ラヴァルの会談（一九四二年九月九日）[290]

一三二〇年、パストゥロー家[291]はラングドック地方に二度目の十字軍を送り込んだ。彼らは、「戦争とユダヤ人狩りを続行しつつ」[292]、トゥールーズに入った。住民のバリュシュ・ラルマンは、こう語る。「パストゥロー家と群衆がユダヤ人地区に侵入した。彼らが自宅にやってきたとき、私は研究と執筆のための部屋にいた。「死ね！　死ね！　洗礼を受けないと、今すぐ殺してやる」との叫び声が聞こえてきた。怒り狂う彼らを目にし、洗礼を拒否したユダヤ人が目の前で殺害されたので、私は殺されるくらいなら洗礼の方がましだと答えた。彼らは私を拘束し、着の身着のまま何ももたせず家から追い出した。私はそのままサン＝テティエンヌ大聖堂に連れていかれた。到着すると、二人の聖職者が大聖堂の前でユダヤ人数名の死体を見せつけ、こういった。「洗礼を受けねば、目の前のこいつらのように死なねばならないぞ」、と」[293]。

ヨーロッパのユダヤ人の歴史は、俗権の力を借りた迫害の歴史である。中世以来、人間狩りは繰り

フランクフルトのゲットーで一六一四年におこなわれたユダヤ人狩り（一六四二年に制作された版画）[294]

一八一九年に起こった「ヘップ・ヘップ」の反ユダヤ主義暴動[295]

返されている。棒打ち、火刑、追放、虐殺である。このように暴力が振るわれる様をつづけて見ていると、言葉が出てこなくなる。いつの時代のイメージも、振る舞いも、スローガンも似通っているのだ。

ただし、ハンナ・アーレントは、固定化した非歴史的な「永遠の反ユダヤ主義」という考えに注意するよう呼びかけていた。「永遠の反ユダヤ主義」は、何の説明にもなっていないばかりか、政治的な危険を伴う。というのも、この考え方には、ヨーロッパの歴史を超越するようなものに依拠して暴力を振るう人々を無罪放免にする危険性があるからだ。また、アーレントにとっては、スケープゴート理論も同様に問題視されるべきであった。それは、犠牲者が恣意的に選ばれ（犠牲者は他の誰でも構わない）、捌け口として振るわれる暴力に関する学説のことだが、この怪しい説により、実際には「反ユダヤ主義の重要性および、ユダヤ人が騒乱の中心に据えられたという事実の意味をうまく避ける」[296]ことになった。「永遠の反ユダヤ主義」とスケープゴート理論は、互いに補完し合い、ユダヤ人が犠牲者に選ばれたのは結局いつの時代もそうなるのが自然だったからと主張するに至った。これに対してアーレントは、先述してきたようなさまざまな反ユダヤ主義的現象に歴史性があると主張し、この現象を永遠に変化しない一般モデルにまとめようとしなかった。彼女の仮説によれば、現代に反ユダヤ主義が存在する理由は、ユダヤ人の社会的機能についての歴史、および国民国家の形成と危機についての歴史の両方のなかに探し求めなければならなかった。

ユダヤ人狩りは、彼らの歴史において大まかにいって三つの変化を経験してきた。暴動としての狩りから国家による狩りへ。宗教的な考えに基づく狩りから人種主義的な狩りへ。殺人を伴う狩りからユダヤ民族を大量虐殺する狩りへ。以上の三つの変化は互いに連関している。

歴史のなかに見いだされる第一の型は、十字軍による狩りである。パストゥロー家の狩りがその実例であり、暴動としての狩りを指す。この狩りは、経済や社会にその根を下ろしているとしても、宗教的なものとして語られている。そのイデオロギーとは、「神を殺した民族」に向けられる、キリスト教に基づく反ユダヤ教である。スローガンは「改宗か、死か」だ。この二者択一がただのレトリックにすぎず、結果として実際に虐殺に至ったとしても、狩りは改宗のための一手段として現れた。それは新たな信徒を集めるための狩りであり、暴力によって「無理矢理入信を迫る」ものであった。狩る者と獲物とを分かつ境界線は、ユダヤ教への帰依を表明するか、棄教するかという信仰の境界線であった。

異教徒に対するこの狩りにおいて、キリスト教徒を自認する人々からすれば、彼らの外部で生きる者には次のような選択肢が残されているにすぎなかった。改宗するか、この世から消えるか、である。しかしいうまでもなく、改宗そのものは、この世から消える方法でもあった。吸収され、他との差異をなくして消え去るのだ。この場合、排除と同化は、同じ選択肢に関連する両極であり、すべてを覆い尽くすようになる力が自由に利用できる二つの行動手段、すなわち、我々の一部になるか、さもなければ無となるか、というものである。同化の裏面は、入信拒絶者の抹殺なのだ。よって、司教による狩りの変形版がここで生まれる。狩りは、ここにおいて、破門というよりもむしろ強制的な包摂行為として語られるにもかかわらず、〔司教による狩りと〕同一の基本的な前提に依拠しつづけている。つまり、我々の外側には死の他に何もないということである。この前提は、キリスト教共同体から追放され死ななければならない者に関わるだけでなく、キリスト教世界という真の世界の周縁を徘徊し、そこに入るか消え去るかのいずれかをする覚悟を決めなければならない幽霊に似た人々にも関わる。

極限状況において、改宗という選択肢に抵抗するのなら、死によって自由を獲得するしかなかった。つまり英雄として雄々しく自殺することで、殺す力を敵から奪ったのである。一三二〇年、パストゥロー家に追われ逃げ出したあるユダヤ人一行は、ヴェルダン＝シュル＝ガロンヌの櫓《やぐら》に隠れた。追手は攻囲戦を仕掛けた。「包囲された彼らの防御は勇壮そのものであった。敵には、石材や梁がすべて投げられた。どこかで拾ってきたものも飛び道具になった。その後は実の子どもが投げつけられた。最終的に、パストゥロー家は大量の木々を集め、櫓の扉に火をつけた。煙によって気分が悪くなったユダヤ人は、もはや救われまいと観念し、パストゥロー家の手で始末されるよりは心中するという究極的な解決を選んだのである[297]」。

戦略的な観点から見ると、反ユダヤ主義者による狩りは、長きにわたり、政治的な敵意の矛先を変える役割を担っている。デヴィッド・ニーレンバーグは、どのように中世の反ユダヤ暴動が、現実において複雑な方法で王権に対する反抗の一環をなしていたかを示した。彼の説明によると、パストゥロー家は、「ユダヤ人を国家の徴税役人とみなしていたが、実際にはそのようなユダヤ人は数名であった。（中略）パストゥロー家はまた、ユダヤ人が王の保護下にあることを知っていた[298]」。これらの暴動は、いわば「神聖な王政を守る、異教徒を討つといった言葉でカモフラージュされていた、王の徴税に対する反抗」の表現であった[299]。キリスト教社会において、ユダヤ人集団はある社会的役割をもたされていた側面があった。経済的には必要で宗教的には禁じられていた、信用取引や高利貸しの役割である。ミシュレの要約的な表現を借りると、「中世において、迫害され追放されただけでなく、召喚されもした彼らは、国庫と国庫の犠牲者、つまり能動者と受動者のあいだを結ぶ不可欠な仲介役を担い、下々の者から金品を吸い上げて王へと届けていた[300]」。しかし、信用取引と徴税を手段として捻出された金をうえへと運ぶこの役割には、第二の機能も備わっていた。下りるという政治的機能である。ユダヤ人は、王の徴税制度のなかで下級の歯車とみなされていたために、反徴税暴動にとって都合のいい標的になった。暴動は、中央権力を直接攻撃するよりも、それとつながっている社会集団、つまり王の僕たるユダヤ人を狙った。そのとき起こったのは、反抗の対象が国家から下位の社会集団に逸らされたということであった。

しかし、後には、以上のような経済的な役割がユダヤ人の特徴から消え去り、ユダヤ人が高利貸しだというイメージは、イデオロギー上の遺物、すなわち、型に嵌り硬直した、人種主義に基づく想像の産物でしかなくなった。とはいえ、社会に出現した怒りの矛先を変えるという反ユダヤ主義の戦略的な機能は失われなかった。ベルナール・ラザールは、一九世紀のロシアにおけるユダヤ人迫害の理由について問い、そのメカニズムを以下のように説明した。「こういった扱いを、このようなおぞましい迫害を、なぜ受けなければならないのか。（中略）ロシア人は、貧困に苛まれ、税の取り立てに苦しんでいる。残虐極まりない圧制に従わねばならず、行政による暴力や政府の好き勝手な振る舞いに心を痛め、苦悩し、辱めを受けている。耐えがたい状況だ。ロシア人はそれをおおむねあきらめて受け入れているが、怒りを発することはできる。彼らの騒擾や反抗は恐るべきものである。反ユダヤ主義の暴動は、民衆の怒りを別の方向に振り向けるのにうってつけであり、そのために政府は民衆の怒りを煽り、たびたび挑発した。農民や労働者はユダヤ人に襲いかかったが、彼らの言葉を借りると、それは「ユダヤ人と貴族は同じようなものだが、ただ簡単に相手にできるのは前者だ」からである。（中略）恵まれない彼らが、圧政をもたらすツァーリズムに対し団結して反抗する代わりにぶつかり合っているのを見ると、胸が張り裂ける思いである[301]」。

近代の反ユダヤ主義に基づく狩りは、反ユダヤ教の古典的な語彙のなかにも部分的に表されているが、狩りのスローガンはもはや「改宗か、死か」でなく、「追放か、死か」である。「ヘップ！　ヘップ！　ヘップ！　ユダヤ人はみな死ね。朽ち果てろ。お前らは出ていくか死ぬかだ[302]」〔一七一頁の図版および原注295参照〕。この新しい選択肢において、狩りは強制改宗のためではなく、流血を伴う追放措置として現れる。当時の新聞が説明しているように、「ヘップ・ヘップ」の参加者は「商人で、教養ある人々である。彼らは、ユダヤ人に英仏の製品の小売・卸売業だけを認め、自分たちは昔ながらの密売に再び従事しようとしていた。その限りにおいて、ユダヤ人が異教徒でアジアに出自をもつことを大目に見ていた[303]」。ユダヤ人を同業組合から追い出す、つまり経済の面で彼らを排除することは、反ユダヤ主義に基づいて狩りをする群れの望みであり、目標である。「特権をもった商人層と職人の同業組合は、騒乱を扇動しつつ目的を達成していた。上院は同業組合によって管理される職人部門からユダヤ人を排除する方策を強化したからである[304]」。

近代の反ユダヤ主義は、何よりもまず小ブルジョアのイデオロギーであり、二〇世紀初頭には、彼らが反資本主義を鸚鵡返しにいい加減に主張する際に優先的に用いる政治表現となった。彼らは経済危機を背景として、産業資本は善、金融資本は悪、国内資本は善、外国資本は悪と分け、ユダヤ人を金の力が有する災いを体現するものとみなしたのである。こうして反ユダヤ主義は、当時広まっていた反資本主義の感情を表明する手段として立ち現れた。そのとき、反ユダヤ主義によってこの感情は、社会に受け入れられるような方法で、資本形態の空想上の代表者に向けられた。たとえば、アブラハム・レオンは次のように書いた。「歴史上最も急進的な反ユダヤ主義イデオロギーが、ユダヤ人が経済的・社会的同化を進める時代に大手を振るというのは歴史の皮肉である。しかし、こうした表面上の逆説は、他のあらゆる歴史の皮肉と同様に、非常に納得がいく。ユダヤ人が同化できなかった時代、つまり彼らが資本そのものを表していた時代には、彼らは社会に必要不可欠であった。彼らを絶滅させるなど問題になりえなかったのだ。現在、滅亡の危機に瀕する資本主義社会は、ユダヤ人とユダヤ人に対する憎悪を復活させせながら生き残ろうとしている。しかし、反ユダヤ主義による迫害がひどくなりうるのは、まさに、ユダヤ人が自身に与えられた役割を果たしていないからなのである[305]」。

反ユダヤ主義に基づく狩りは、国家権力にとって歴史的に安全弁の役割を果たしてきた。他方、極右運動の独創的な戦略案は、二〇世紀初頭において、既存の国家装置に対抗しつつ反ユダヤ主義に基づく狩りを実行することであった。つまり、群れによる狩りがもつ、政治を転覆するための力を強化し、国家安寧の引き締め役として長いあいだ機能していたものを逆用して、国家権力の獲得手段にしようとしたのだ。しかし、極右の戦略が、支配的な社会層のなかで決定権をもつ集団と以後も結局連携することができたのは、社会的な敵意の矛先を変えるというその戦略の役割が消失しなかったからでもある。言い換えれば、極右の戦略とは、国家権力の古い形態を破壊することと引き換えになろうとも、階級闘争を人種戦争によって鎮めることなのだ。

一九世紀末の極右は、外国人狩りだけではなく、同時にユダヤ人狩りも理論づけた。しかも両者には一貫性があった。「ユダヤ」は彼らにとって最悪の種族を出自とする外国人を表していたからである。

ドリュモンは『ユダヤのフランス』のなかで、ユダヤ人によって徐々に広められる征服行為を非難している。この行為により、かつての貴族の所領や城館を皮切りに、「ユダヤ人は重要な場所に侵入し、フランス人全員をそこから追い出す」[306]ことが可能になったのだ、と。またドリュモンは、「ユダヤ人による狩り、シカの復讐」と題された一節で、かつてフランス人の貴族によって追い出されたシカの苦しみを、憐れみを喚起するような調子で描き出し、その後にシカの復讐は今日どういったものになるかを説明している。「薄汚いドイツ系・ロシア系ユダヤ人某の後ろを、こじゃれた名字の人々が、従僕の冷やかすような笑みのなか、ぞろぞろとついていく。こんな見世物で、何百年ものあいだ狩り出されてきた不幸なシカの恨みは晴らされないのではないか。（中略）薪で黒く汚れたガリアを征服した豪胆な先祖は馬に乗って森を練り歩いたが、この森はいまだに過去の伝説に取り憑かれている。（中略）フォンテーヌブローはエピュルシ家の、ヴェルサイユはイルシュ家の、フェリエールはロートシルト家〔のようなユダヤ人〕の手中にあるのだから」[307]。古い貴族の家系が落伍し、彼らのかつての所領は狩るユダヤ人によって侵入される。それは森の住民による報復行為であろう。人種主義的な見方に立つドリュモンは、以上の「ユダヤ人による狩り」をも、即座に人間狩り、白人狩り、フランス人狩りとみなす。密猟監視人に向けたイルシュ家の言、「フランス人が通りかかったら、すぐにハチの巣にしてやれ！」[308]を引用するほどである。

逆にいえば、反ユダヤ主義者の想像では、失われた力を再び手に入れるには狩りという男の特権を再び自分のものにしなければならない。衰退を回避し再び支配者となるためには、もう一度狩りをする必要がある。ユダヤ人を狩らねばならないのだ。セリーヌは、「ユダヤの害虫」による国内の植民地化を告発して、「対抗するのか。しかしどうやって」[309]と問う。彼の返答は、昔の広告文句のようである。「美しい歴史……。アルウェルニ族が支配した偉大な時代……」。ガリア人の一族〔アルウェルニ族〕の族長ビトゥイトスは、ローマ人の攻撃を受けて戦士を残らず招集した……。銀でメッキされ、車軸が青銅で作られた戦車に乗る彼は、青銅の兜をかぶり、金の首飾りとブレスレットを身に着けて進軍した。狩りの群れが彼に同行した。護衛の騎馬隊の後ろを、諸刃の長剣、きらきら光る鉄製の矛、柳の細枝や木でできた鮮やかな配色の平らな盾で武装した二〇万のガリア人が急ぎ足でついていったのだ。丘に上がった族長は、ローヌ渓谷にローマ軍の方陣を確認すると、こう叫んだ。「今日、我が猟犬に与える分け前はほとんどなくなってしまうだろう」、と。セリーヌが伝えたかったことは明らかである。新しい侵略者たるユダヤ人に対して、先祖たるガリア人の狩りの群れを復活させなければならないというのだ。[310]こうして反ユダヤ主義は、一九世紀のフランス史学史が展開した人種闘争というテーマを再び採用するが、そこにはすぐに雄々しい人間狩りの形式が加えられるのである。

もちろん、実のところ、迫害に華々しいところなどまったくなかった。銀の記章や金のアクセサリーが与えられるわけもなかった。ワルシャワのゲットーの蜂起を組織した一人、ベルナルト・ゴルトシュタインは、一九四〇年にポーランドで起こったポグロムの始まりが何に類似していたかを語っている。「若者がほとんどを占める複数の不良集団が、ユダヤ人地区の路上で、通行人から物を強奪し殴りかかることを企んだ。彼らは、「万歳！」、「ユダヤ人を襲え」、「ユダヤ人に死を」と叫びながら、店や家に押し入った。ユダヤ人は殴られ、物を奪われた。窓は割られ、扉や家具は壊された。もち出せない物はすべて破壊された[311]」。ユダヤ人の労働者運動は、この人間狩りに対抗して、政治的に自分の身を自分で守った。「我々は、何が起ころうとも、抵抗することにした。刀剣で襲われても、杖や鉄棒で対抗するのだ。我々は、肉屋、運送業者、社会主義者の民兵隊を動員した。（中略）ポグロムに参加した人々は、翌日あの路上に姿を現すと、棍棒や鉄棒などで武装した我々に出くわした。血みどろの闘いとなった。町の救急車は、さまざまな病院に数多くの不良を運ばなければならなかった」[312]。

人種の退化を強迫的に信じて生活する小ブルジョアジーに、理想的な狩りは、肉体と道徳の再生手段として難なく立ち現れた。一九世紀のある広告業者が書いていたように、「狩りの恩恵については、小ブルジョアに尋ねてみよ。誇り高きガリア人の血を引き、遠祖から確固たる伝統を受け継ぐ彼らは、必ずやあなたにこう返答するだろう。狩りはわが人種の力を増大させる[313]」、と。

ところで、このテーマは、「西洋」の没落のことが頭から離れなかった反動主義者の思想家たちによって、人間学的な理論に作り変えられた。彼らは、人間の捕食する性質を理論づけ、眠った本能をより効果的に目覚めさせるよう訴えた。この捕食者の人間学こそ、シュペングラーがドイツでこれ以上にないほど明示的に発展させたものである。ジャック・ブーヴレスが確認しているように、カール・クラウスは、この哲学に政治的な含意があることを明らかにした。実際、シュペングラーは、「知に依拠した決然たる態度で」最弱の人々を襲撃し得る能力を称え、「ナイフが敵の体を切り裂くときや、敵の血の匂いを嗅ぎうめき声を聞いて優越感が得られるときの恍惚感」を賛美しつつ、「ダッハウおよびゾンネンベルク〔両地には、一九三三年に設立された収容所があった。どちらにおいても共産主義者などの政治犯が主に収監されたが、ダッハウでは後にユダヤ人も収容された〕、〔ベルリンの〕ヘーデマン通り〔ここにナチスの大ベルリン大管区本部が置かれ、そこには共産主義者が拷問にかけられた部屋が存在した〕およびパーペ通り〔ここに共産主義者やユダヤ人などを収容する突撃隊の監獄があった〕で起

「捕食者たる男」（狩猟姿のヘルマン・ゲーリング）[315]

こった出来事の過程に知的な土台」[314]を与えたのだ。求められたのは、捕食者としての暴力を引き受けることであった。ナチスはここに自らの政治的イデオロギーの土台を一つ見いだした。彼らにとっては、冷酷に、容赦なく捕らえて殺すことが理想的な力の使い方であった。実際、政府高官は、白人集団と餌物となる動物で構成される世界を夢見て、狩りに熱狂した。ゲーリングは、とくに「帝国狩猟長官（Reichsjägermeister）」という異名を誇りに思っていた。

ナチズムは、反ユダヤ主義および外国人憎悪に基づく狩りの社会動員力を掻き立て、まんまと手に入れることができ、その力を権力の獲得手段にしようとした。狩りをする群れによるクーデタ、これこそがナチズムの戦略であった。

しかし、ナチスがいったん権力の座に就くと、ユダヤ人狩りはその暴動としての側面を捨てなければならず、その結果、警察活動と変わらなくなった。それゆえ狩りは、いうなれば、異なる形態で二度利用された。最初は、旧来の国家権力を弱める動員の道具として、次いで、国家権力を行使する際の中央政府の道具としてである。群れによる狩りから国家による狩りへと移行を遂げたのである。

この点で、一九三八年一一月九日の「水晶の夜」は、かつての狩りから新しいそれへの移行の指標となった。この事件では、ポグロムとしての狩りが究極のかたちで演出された。国家による狩りが、全面的に展開される前の段階である。ユダヤ人狩りは無秩序な暴動の様相を呈さなくなった。計画にしたがってなされる、官僚的で中央集権的なものになったのである。このとき、狩りは、〔前述した「追放か、死か」や「ユダヤ人に死を」のような〕かつてのスローガンの実現を容赦なく追求できた。国家機構を用いた組織的な冷淡さでもって、血を好むどんな群衆よりもうまくそうすることができた。人を殺す狩りは、大量虐殺《ジェノサイド》の狩りへと変化しえたのである。

反ユダヤ主義は、すでに生物学的な人種主義の用語で定式化されていたが、このとき、政治的なメカニズムとして国家権力の実践に組み込まれた。フーコーは、人種主義が、生政治の文脈において、いかにして権力の動作要因になるのかを示した[316]。つまり、人種主義によって、権力は、人口という生物学的な連続体において、生きねばならない者と死なねばならない者とを分断しうるのである。ところで、人種的帰属は、宗教的アイデンティティとは異なり、棄てられるものではない。それは本質的なものとして定められ、そのことによって人種的に劣等とされた人々は、物理的に排除されるようになるのである。

狩りおよび自然界の捕食関係をこのような仕掛けと結びつけ、積極的に参照することで、さらに別種の作戦が実行可能となり、その結果、人種主義に基づく暴力に根拠が与えられた。ヒトラーは、私的にこう告白していた。「多くのユダヤ人は、自分たちが存在することで世に破滅がもたらされるとは考えなかった。しかし、人の生を壊すなら死が待っている。彼らとて例外ではないのだ！ネコがネズミを食べるとして、非難されるだろうか[317]」、と。ここに潜む考えは、捕食者は暴力を振るっても非難されないというものである。被食者は狩られることが生の自然本性であるように、捕食者は狩るものなのだから。ネコがネズミを攻撃する根拠は、ネズミが最初に攻撃してきたこと、いうなれば正当防衛にあるのではない。それどころか、ヒトラーが認めているように、ネコを苦しめるネズミなどおそらくありえなかった。しかし、そういったことは重要ではない。以上のように考えると、反撃を中軸に据える旧来の交戦権の枠組になおとどまることになるからである。ところが、生政治に基づく人種主義によって、すでに我々はこの種の合理性からかけ離れたところにいる。殺す権利は、他者の行為ではなく、他者の存在や我々の存在、それに他者と我々の関係にとって必然的な序列を根拠にする。人種主義国家による暴力は、報復行為ではない。交戦権とは無関係である。まったく別の合理性、すなわち狩りおよび自然界の捕食の論理に依拠しているのだ。捕食者と被食者の敵対性は、その正統な事例をはっきりさせることもある侵略権によって基礎づけられる必要はない。両者の敵対性は、現存する種や人種という自然本性のうちに必然なものとして組み込まれているのだから。国家の人種主義（および近代の主要な哲学的伝統すべてにそぐわないもの）は、動物の狩りを国家による暴力の正統なモデルに位置づけ、政治的な権利を動物学が定義する自然権に変える。ここにおいて、権利の限界は、力のそれや生物学的に定義された能力のそれにほかならない。こうして動物の捕食モデルによって、殺す権利は自然なものとなり、人種的優越性を根拠とした国家の特権となることが認められるのである。このとき、大量虐殺を実行する「権利」は、被食者と捕食者という自然界の関係の延長線上に置かれる。死を与える暴力を生のための暴力という必然性の領域に組み込むこと、狩猟モデルはこのことに人種主義国家の規範的な参照項として資するのである。

一九四五年二月、戦争捕虜がマウトハウゼン収容所を脱走した。ナチス当局は数日間にわたり「ミュール地区のウサギ狩り〔Mühlviertel Hasenjagd〕」という名で知られる大規模な作戦を実施した。この人間狩りには軍、親衛隊、憲兵だけでなく、地元市民も参加した。国家による狩りと民衆によるそれが混ざったかたちである。狩り出しのために住民を最後に動員することによって、凋落しつつあったナチスの国家機構は、最後の共同の狩りのあいだに、国家の狩る特権を狩りの群れに返還したかったかのようであった。

# 第12章　不法者狩り

今日、あなたが私をこの土地から追放なさり、私が御顔から隠されて、地上をさまよい、さすらう者となってしまえば、私に出会うものは誰であれ、私を殺すでしょう。

『創世記』第四章第一四節

彼は（中略）逃げようとした。自分の居場所が見つかってしまうのではないかと恐れたようであった。ＢＡＣ〔一二八頁参照〕の警察官に追われていた彼は、水中に身を投じ危篤状態に陥った。ほどなくして引き上げられたが、病院で息を引き取る。死因は心停止であった。

「警察から逃れようとした不法滞在者《サン・パピエ》の死」
『ロイター』二〇〇八年四月四日[318]

我々は避難所と保護を必要としている。

カレーの難民キャンプ「ジャングル」の幟

『創世記』において、カインは世界中をさまよい歩くよう命じられる。彼は追放されたことによって世界中で餌食となる。「私に出会うものは誰であれ、私を殺すでしょう」。命を落としてしまいそうなこの危険な状況から救うために、神は庇護する証を彼に与える。「主はカインに出会う者が誰も彼を殺すことのないように、カインにしるしをつけられた」[319]（『創世記』第四章第一五節）のである。この「しるし」とは一体どのようなものであったか。聖書には何も書かれていないので、解釈は分かれる。批評家のなかには、カインの身体を震わせるほどの恐怖感こそが「しるし」であったと述べる者もいる。「手足が震えたからこそ、カインは偉大で揺るぎない存在となった」[320]、と。しかし、この「しるし」は、何であろうとそもそも超越的なものであった。

それでは、庇護の秩序から追放される人々は、どのような保護を受けられるだろうか。この問いは、世俗および政治の領域に、つまり国民国家の機関だけが人の保護を担う社会に移し換えられると、排除される者にとっては大いに深刻なものとなる。世俗の政治には、超越的存在によるどんな保護のしるしも、つまり神から授かるどんな通行許可証も存在しないからである。

以上は、アーレントが無国籍者について、彼女の生きた時代に提起した問題である。彼女は、無国籍者について、「古代および中世における追放の慣習よりもはるかに根本的な」結果をもたらした「人類の外への近代的な追放[321]」と診断した。かつてのような追放刑――彼女はこれを「強制的に犯罪者を移動させるべく定められた、治安部隊の代替物[322]」と正しく分析していた――では、被追放者の生は出会った人々全員の意のままになったことを、彼女はよく分かっていた。ただし、彼女はこう主張していた。近代における無国籍者の追放は、古代および中世のそれよりも人間の根本に触れるものである、と。どういう意味でそうなのかを理解するためには、この新しい追放の特徴を明らかにしなければならない。

無国籍者の合法的な追放は、もはや罪に対する処罰としてではなく、無国籍者という個人の政治的な地位に直接結びつけられる境遇として現れる。無国籍者が合法的な保護の体制から排除されるのは、罪を犯したからではなく、逆に無国籍者自身が罪であるからだ。存在するというただそれだけの事実によって、つまり、国民国家の領土にただいるというだけで罪なのだ。人を犯罪そのものにすること、人の一生を終わりのない犯罪にすることは、それゆえ、〔近代的な追放の〕第一の特徴である。それは合法的な追放の新体制が有する根本的な性質を伝えるものである[323]。

こうした新種の追放は、もはや主権権力の弱さを示す弥縫《びほう》策というよりも、逆に、合法的な保護を受けられない主体に向けて行使される警察権力が際限なく膨張することの土台なのである[324]。

いくつもの国民国家で編成される人類という文脈において、無国籍者が追放されることは、国民を保護する何らかの体制が失われるのではなく、いかなる保護も受けられなくなることと同義である。人権を市民権と、市民権を国民の権利と便宜的に同一視するがゆえに、これらの権利が国家によって保証されるかどうかは、国籍の領域に個人を受け入れるかどうかに左右される。この個人が国籍を失うがゆえに失うものは、何か特定の権利だけではなく、権利をもつ権利そのものである。「〔地球の諸民族が、現在も抗争はあるにもかかわらず、〕すでに一つの種としての人間となったからこそ、故郷と政治的身分の喪失は人類からの追放ということになったのである[325]」。ここにパラドクスがある。人権と呼ばれるものが国民の権利と同一視されるあまり、〈人間〉は、〈人間〉として立ち現れるや否や、人権を認められなくなるのだ。「人権を失うことで生じるパラドクスとは、その喪失が、ある個人が人間存在一般になるときに生じるということである[326]」。

近代の追放は、かつてのそれよりも穏やかに、より組織的に実施される。それは、何よりもまず、行政的な手続きを踏んでおこなわれ、仕組みとして官僚制を有し、手段として書類を用いる。近代国家は、個人の存在を証明する手段を独占し、手中に収めた。提示すべき証明書や正式な書類を求められ、提示できなければ、不法状態が発生する。アーレントが診断したように、「社会が発見したのは、差別が強力な社会的な攻撃手段であり、それによって血を流さずに殺人が可能になるということである。パスポート、出生証明書、ときには納税申告書でさえも、もはや正式な書類とはならず、社会的に差別すべき存在かそうでないかを決める指標となるからである[327]」。不法状態にあるとは、身分証明書の確認が、国家との関係においてだけではなく、日常生活の骨子をなす種々のやりとりの総体にとっても、法的主体の本質的な存在様式の一つになったという文脈において、身分証明書をもたないということである。

無国籍者に関してアーレントによって明らかにされた問題は、今日の不法滞在移民にまでつづくものである。彼らの地位は、先述の四つの重要な特徴を揃えている。すなわち、存在そのものが罪とされ、警察から過剰な取り締まりを受け、人権から排除され、書類を喪失しているのである。

こうした新種の合法的追放は、無国籍者のそれとははっきり異なり、移民の不法状態化〔illégalisation〕を促す政策による最近の歴史的産物である。不法状態化が、一九七〇年代初頭以降、大部分の北米諸州で進捗してきたことは、諸々の法や措置から跡づけられる。[328] 移民労働者が不法状態に陥るこの新しい状況は、州政府が法に照らして居住権および就労権を彼らに与えないことに起因する。入国や滞在の条件が厳格化されたのと同時に、これに伴って不法状態に置かれる労働者は増えつづけた。

追放するかしないかをめぐって、古くから存在し今なお効力のある、国籍による境界線のうえに、今後は属地原則を踏まえてはっきりと引かれる新たな線が重ね合わせられたというわけだ。フランスでは、社会権は国籍の如何にかかわらずすべての住民に認められる傾向にあったが、当局は、彼らを差別するための新基準、すなわち滞在の合法性に関する基準を少しずつ導入するようになった。[329] これは、基本権の取得が認められない〔国の〕領土への入国を思いとどまるとみなされる移民を合法的に追放する目的で、特殊な犯罪行為が生み出されることの典型例である。

だが、移民は、合法的に領土にいるとみなされなくとも、そこにいることに変わりはない。物理的にも社会的にもそこで居住しているのだ。したがって、移民は、合法的に追放される結果として、まず、存在が消し去られるわけではないが、一時的に一連の権利を留保されることになる。このとき、以下のようなパラドクスに直面する。不法滞在移民の合法的な追放措置は、領土主権の名のもとに発せられるとはいえ、飛び地の方式やある種の領域外的存在となった個人に結びつけられる自由地区の方式に基づいて、権利が適用されない状況を領土にまず生じさせる。こういう状況により、領土に存在するものは領土に属することを決まりとしてきた、古くから存在する領土主権原則との断絶が生じる。[330] 領土に居住するだけでは、そこで適用される法に事実上完全に縛られることにはもはやならないからである。事実上の居住者を権利から除外することは、法律の宙吊り、すなわち立法そのものに由来する一時停止に相当するがゆえに、矛盾を含んでいるのだ。このように、国境の尊重を口実に、保護される権利のある者とそうでない者を分かつ合法的な境界が領土に作り出されたのである。

いるのにいない者としてみなされる個人は、現実社会への参入が法的に承認されない存在である。市民権が剥奪される場合、物理的には生きているが法的には死んでいるので、個人が取り結ぶ関係は非公式なものにしかなりえない。追放された者の状態を示すもう一つの特徴がここに見いだされる。つまり、援助することの禁止である。これが「連帯罪〔délit de solidarité〕」だ。「直接的または間接的な援助により、外国人のフランスへの入国、国内の移動、または非正規滞在に手を貸した、あるいはそうしようとした者は、何人も、五年の禁固刑および三万ユーロの罰金刑に処せられる[331]」。私的な連帯行為が罪にされることに加え、合法的な追放は社会国家の給付金にも及ぶようになる。フランスでは、近年、不法滞在移民が治療を受けるために頼る「国家医療補助〔l'Aide Médicale d'État〕」の適用範囲を制限する計画が、当局によって何度も立てられた。予算が減額されただけではない。現実には、「不法滞在者を逮捕するために警察の介入が強化された結果、彼らは国家医療補助を取得するための手続きをもはやおこなえない。彼らは、尋問されるのではないかと恐れ、自分の権利を今や主張しなくなっているのだ[332]」。もっと一般には、次のアムネスティ・インターナショナルの解説の通りである。「彼らは、合法的な地位をもたないがゆえに、あえて何も言おうとしない場合が多い。あるいは、労働に関する権利やその他の人権を主張できないでいる[333]」。

カリフォルニア州で一九九四年に採択された「提案一八七」は、憲法違反と宣告される前に、基本的権利を適用除外する諸政策の根拠となる哲学的諸原則について説明した。社会福祉、保健衛生、教育からの不法外国人の排除を正当化するために、同提案の前文では「市民の被保護権」、すなわち「あらゆる人々から、または不法入国者から」[334]保護される権利がもち出された。ここで再び、保護の概念がナショナリストの観点から制限されているということに気づかされる。前章で私は、こうした制限によって政治的排外主義の方針の基礎が一九世紀中葉以降に形成されたことを示した。

このように、無条件の権利を取得できるかどうかは、事実上、滞在の合法性を定める国家の恣意的な判断に左右される。ハンナ・アーレントの警告は真摯に受け止めなければならない。国民国家が人権に制約を設けることで、死に至らしめるような排除の現象が間違いなく起きているのだ。

とはいえ、不法状態化はたんなる追放措置として機能するわけではない。ニコラス・デ＝ジェノヴァが強調するように、これは同時に逆説的な包摂機能も有する。合法的な追放は「不法状態化によって包摂が活発に進行する過程」[335]に対応するものでもあるというわけだ。事態は主に以下のように進む。不法滞在労働者の追放が合法的になされるなら、彼らは給料面で極端に悪い条件で包摂されるようになる。合法性から除外されるため、彼らは極度に搾取されるようなかたちで包摂されさえする。「不法滞在移民がかたちづくられるのは、彼らを追放するためではなく、逆に、不安定な状態を押しつけたりそれを長きにわたり悪化させたりする状況のもとで、彼らを社会的に包摂するためである。こういった現状を知ると、不法状態を数年耐えたことが労働への服従を規律として教えこむことにどれくらい役立つか、容易に見当がつく」[336]。合法的な追放によって不安定な地位に貶めることは、規律というふるいにかけること、すなわち不安を利用して従わせることの代わりになるのである。

したがって、不法状態化を生み出す現代の権力の機能を理解するためには、ジュディス・バトラーが「主権に基づく行為には容易に還元できない、複雑な統治形態[337]」と呼ぶものに注意を向ける必要がある。現在、法的な面ですべてを奪われた人々は、その呼称によって喚起されるものとは逆に、たんに「何ももっていない」というだけではない。奪われているという状態が彼らのすべてではないのだ。法的な帰属手段を許可されず、市民の資格が認められていない彼らは、同時に、不法状態で生活する「資格」を積極的に「認められている」。彼らの存在は、政治が生まれる前の状態、つまり生物学的秩序が支配する状態に回帰するどころか、積極的に作り出され、社会的に限界となるまで権力の影響を受けた状態にある。バトラーは、ここでアガンベンの説をはっきりと批判しつつ、現代の被追放者は剝き出しの生〔vie nue〕には追いやられてはいない、と強調する。彼らは「「剝き出しの生」の画一的な例ではなく、高次の権力の管轄下ですべてを奪われている状態[338]」なのだ。

しかし、人は、存在が国家によって否定される場合、どういう存在として生きていくのか。マルクスは、『聖家族』のなかで、ある社会現象が国家によって承認されていないなら、実際には存在しないも同然であるという考えを鼻で笑う。たとえば、宗教の問題に引きつけてみると、このような見方は、法で祝日を定めなければ「キリスト教が存在しなくなったと宣言する」のと同じだと考えるようなものである。マルクスは、法の言説の行為遂行性〔言語活動が行為を促すことで現実を作り出すこと〕

に関するこのような主張に、社会現象が国家の承認との関係のなかでどのように存在するのかという実在論的な概念を対置する。「近代国家では（中略）これらの社会現象が市民にとっては死んだということの宣言によって、これらの生は急激に促進される。以降、こうした生は自身の規則に静かにしたがって、その存在の影響力を広げるのである」[339]。ある現象を国家が承認しなくても現象そのものは消え去らないが、承認がなければその現象は法の軛から解放され、社会生活において最も野蛮な形態を有する存在に変えられる。その現象は法的に死ぬが、その「無秩序の」生が始まるのである。同時に、合法的な生存を奪われた主体は、生物としての生に立ち返れない。社会が成立する前のようにも生きられない。市民社会の法を欠いた社会で再び生きる、つまりは、まず何よりもたがの外れた搾取を生きることになる。移民労働者が不法状態に置かれると、結果として、まず彼らには給料関係の規制が緩和される。それは、規範も保証もなく、助けを求めることもほぼできない社会関係である。今日では、人は、不法状態に置かれることによって、追放を定めたかつての文言のように「森に住む獣に、空を飛ぶ鳥に、水のなかで泳ぐ魚に」ではなく、労働市場で捕食にさらされる。これまでにはなかったことだが、労働者は、市場に自分の命を預け、ただひとつのことしか予想できない。いたぶられることになると覚悟しているのだ。

市場での捕食と主権による追放は、互いに補完し合いながら緊密な関係を結んでいる。たしかに、合法的な追放だけではなく、追放を目的とした警察の狩り出しをも背景として、経済的な意味での捕食が労働市場でなされる。ところが、追放のために法と警察によって組織される、不安感の創出こそが、副次的に労働力を生み出すことにもなる。この労働力は、国家によって非常に弱い存在にさせられている分、経済的には楽に搾取できる。追放のための狩り、すなわち国家が警察の手を使って実行する狩りには、非公式な労働力を獲得し搾取する捕食メカニズムがつながっている。警察が実行する狩りと市場における捕食は、また、追放のための狩りと労働力獲得のためのそれは、連動しているのだ。

人間狩りは、不安を利用した統治技術である。強制的に移動させたり狩り出したりする可能性をちらつかせながら、人間を監視するのだ。これらの効果は、不安感の創出を自覚的に理論にした戦略に織り込み済みである。狩りの担当者はこのことを自ら進んで認めている。あるインタビューで以下のように話すフランス憲兵隊中佐は、「一斉検挙〔rafles〕」という語を躊躇なく用いる。「実際、私は不法滞在の外国人に不安感を抱かせようとする。こちらはいつでも管理できているのだと、知ってもらわなければならないのだ。びくびくしてもらわなければならないのだ[340]」。この言葉に共鳴するかのように、運動家も同じような事実を確認している。「権利を奪われ、すなわち非合法のかたちで、人目につかないよう生きるのは、密告されるのではないか、脅されるのではないかと絶えず不安のなかで生きるのと同じである。彼らの境遇が露見すれば、留置あるいは即時追放の罰を科されるからだ。このような生は、行政、経営者、家主にどのように向き合おうとも、また病気になろうが事故や訴訟が起ころうが、まったく保護を受けられず、頼るものが何もないことを経験することなのだ。社会との接触をすべて恐れなければならない。（中略）つねに監視されていなければならない[341]」。

不法滞在者狩りについて語ることができるのは、今日、管理の成り行き次第で追放されるかどうかが決まるわけではなくなっているからである。排外的な政治圧力を受け、今後は数を上げなければならない。警察の隠語では「数字獲得競争〔la course à la bâtonnite〕」と呼ばれている。ところで、移民割当が履行されているということは、先を見据えて狩り出す政策がおこなわれているようなものである。エマニュエル・テレが説明しているように、「技術的なことをいうと、好ましからざる人々を尋問したければ、彼らを居住地で捜さなければならない。フランス警察はこの点に関して目標を設定され、責任者はその達成度合いについて上層部に評価される。その結果、狩りはまったく見世物のような様相を呈する[342]」。ある警察官も、この新しい方向性を自分の立場から以下のように証言している。「以前は、不法滞在の外国人を連行することは恥だったし、時間の無駄だったが、今はほとんどこれしかしていない[343]」。

尋問件数の達成目標に到達するため、警察はいくつかの技術を用いる。マルセル・モースは、自著『民族誌学の手引』のなかで、「狩りについての研究は、用いられる武器および獲物という二つの主たる観点からなされうる[344]」と述べている。まず武器について検討しよう。

第一の武器は、身分証明証の管理である。それは選別の技術であり、ある通過点、とくに、捜索対象者の住まいで用いられることを前提としている。パリの不法滞在者については、またもやある警察官の解説に従えば、「たやすいことである。ベルヴィルに行けば、何人も見つかって目的は達成できる[345]」。第二の武器としては、「尋問可能な者」かどうかを確認するための「ファイル管理」がある。指紋照合システムであるＥＵＲＯＤＡＣ〔「ヨーロッパ指紋鑑定〔European Dacyloscopy〕」の略〕のファイルには、今日、一〇〇万人以上の不法滞在者と亡命申請者が登録されている。国家は、一八三〇年代頃まで、長いあいだ受刑者に烙印を押し、脱走あるいは再犯をおこなったかどうかを確認しようとしていた。生体測定によって個人を特定する今日の体制では、しるしはつけられなくなっている。身体そのものがしるしになったからである。しかし、カレーでは、難民は生体測定による管理から逃れる技術を生み出した。「ずっと（中略）火がつけられたままである。火は（茶、洗濯、トイレのために）水を温めるだけでなく、鉄製の棒を熱することもできる。移民は指紋を消去するためにこの鉄棒で指先を傷つけている[346]」。

　管理されている者が逃亡すると、追跡レースが始まる。「一〇代後半くらいの若い男に軽く押されたのです。その人は狂ったように走っていました。「その男を捕まえてください！　警察！！　捕まえてください」と、叫び声が聞こえました。（中略）大通りを駆けていく彼と、その後ろには警察官二人が見えました。追いかけられれば、捕まえられないよう全速力で逃げるものだと思いました。それでも警察官は、力の限りを尽くしていました。（中略）男は何をやったのでしょう。暴行、それとも麻薬の密売ですか。彼が橋の前で左に曲がると、疲れ果てた警察官はスピードを落としました。（中略）私もそうしたのですが、もう一度見てみると彼はいなくなっていました。水のなかにいるのなら、姿を確認できるのではないかと思いました。彼には川を泳いで渡る時間などなかったようでした。（中略）私は、うまく逃げられたかなと思いながら帰ったのですが、今晩ネットを見たら「警察に追われた不法滞在者死亡」と出ていました[347]」。

待ち伏せの技術は、絶好の場所につき、機をうかがうことにある。「二〇〇七年に、パリのレピュブリック広場で「心のレストラン〔Restos du Cœur〕」〔コメディアンのコリューシュが一九八五年に創設した慈善団体。ホームレスの人々に向けた食事の無料提供などをおこなっている〕が食事を配っているときを利用して、二〇名ほどの不法滞在者が逮捕された。（中略）「獣に向かうようであった。中央に置かれた餌。待ち伏せする猟師。捕らえた人々を運ぶバン」。水曜日に、活動はルーアンで再開された。「心のレストラン」のボランティアは、エミュレ広場にやってきて一五分くらい経ったときに、身体の温まる健康に良い食事の準備をしていると、警察がやってくるのを目にした。結局、約一〇名の不法滞在者が尋問を受けた[348]」。

学校の周りもまた尋問しやすい場所である。二〇〇七年三月二〇日、パリで、シャンシン・チェンがいつものようにランパル通りの幼稚園まで四歳の孫を迎えにきたところ、警察官たちが待ち伏せしていた。チェンは同じ通りにあるバーで尋問を受けた。ＲＥＳＦ〔国境なき教育ネットワーク〔Réseau Education Sans Frontières〕〕の生徒の親は、警告を発している。「ビストロの前で人だかりができている。「なぜこの国から出ていかないといけないのか、すぐわかるでしょう」と叫ぶ警部。彼は車のドアを開け、口籠をはめた犬を外に出して、人だかりのなかに放つ。（中略）警察官たちは、子供が通りに大勢出ているときに、警棒を出して催涙ガスを群衆に振りかける[349]」。

警察の手入れにせよ、しらみつぶしの捜査にせよ、人々をまとめて逮捕することは、一斉検挙だといえる。シマド〔国外追放者や難民を援助するためのNGO組織「避難民のための連携委員会〔Comité inter-mouvements auprès des évacués, CIMADE〕」〕は、二〇〇五年の報告書のなかで、フランス警察が同年におこなった不法滞在者の一斉検挙リストを作成した[350]。エマニュエル・ブランシャールが念を押して述べているように、一斉検挙という言葉はまさしく警察の技術を表している。つまり、少なくとも一八二九年から知られている定義に従えば、「警察が疑わしい場所で事前連絡なしに実行する大規模な逮捕[351]」である。これは歴史および政治に関わる言葉だ。それゆえ、この言葉を用いるからといって、現代の国家の排外主義と一九四〇年代に大量殺戮をおこなった国家の人種主義とを混同しているわけではない[352]。現代における追放のための一斉検挙は、捕らえられた人々を死に追いやる可能性があるとはいえ、大量虐殺の意図をもって命じられるものではないからである。その起源は探さなければならないにせよ、「好ましからざる人々」を狩る行為とはまったく無縁である。この狩りは両大戦間期に流行した。極右勢

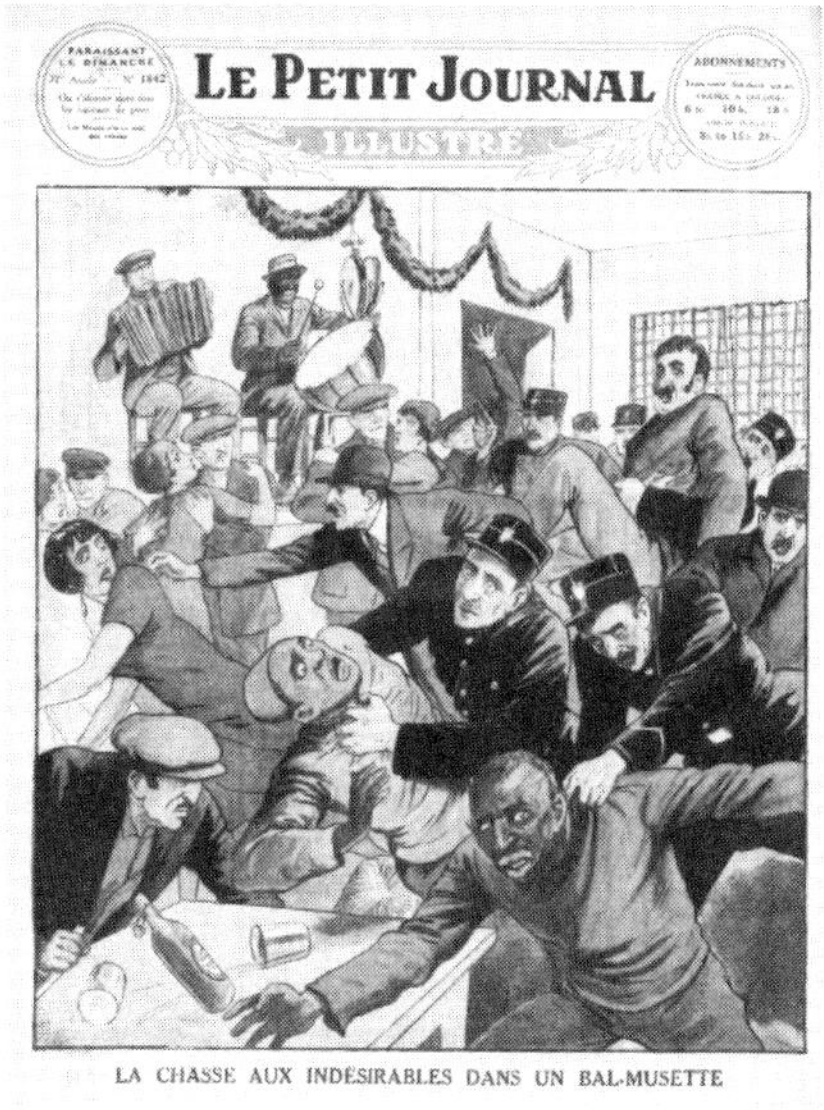

《ダンスホールでの好ましからざる人々の狩り》
Le Petit Journal illustré, n° 1842, 1927.

力が力をつけ脅威を与える存在となり、外国人に関する法が厳格化された時期である。当時の新聞は、フランスの諸都市でおこなわれた一斉検挙や人間狩りについて、挿絵までつけて語っていた。

一斉検挙は、「狩り出しのための見回り〔rondes-battues〕」と初めから結びついていることがある。後者は、前もって「包囲した」区域で、そこに閉じ込められた人々を管理し尋問するからだ。カレーで「ジャングル」〔同地の難民キャンプ〕が撤去されると、人々は一網打尽に狩り出される。狩り出しが終わりを迎えるときには、以下のような光景が見られる。「移民が列になって進んでゆく。真っ赤な目をした彼らは頭を下げ、恥じ入っているようである。横について歩く青い制服を着た男たちは、彼らの言葉でいえば、未成年者と成年者を「選別」し、そのうえで移民を警察署行きのバスに乗せる[353]」。

自宅での逮捕は、いわゆる一斉検挙とは区別されるが、最近よくおこなわれるようになった。これも、数値目標を達成せよと圧力がかかっているからだ。二〇〇七年八月九日、アミアンでは、警察がロシア人とチェコ人の不法滞在者カップルの家の扉を激しく叩き、一家は逃げ出そうとした。一二歳の息子イヴァン・ダンブスキーは、隣人のバルコニーから外に出ようとして五階から転落。昏睡状態に陥り、病院で息を引き取った[354]。〔フランソワ・フィヨン〕首相は、「思いがけない転落」が起こってしまい「両親に心から同情する」と公式に声明を出したものの、「移民に関して国民が望む政治（中略）は断固たるものでなければならず、この政治には役人全員が大いに参画する必要がある[355]」とあらためて主張した。

しらみつぶしの捜査、手入れ、一斉検挙、自宅での逮捕に加え、国家は罠を仕掛けた狩りもおこなう。滞在を合法化するための個人面接を口実にして、県庁に不法滞在者を引き寄せる方法で進められる狩りである。二〇〇八年二月、ナンテールの〔オー＝ドゥ＝セーヌ〕県庁では、同庁の役人に向けて業務遂行のための覚書が著された。そこには「合法的な滞在を願い出る外国人は、書類を郵送するのではなく、本人が出頭しなければならない」、とある。窓口に本人が出向くよう求められたのは、実際には、逮捕するためであった。覚書には、つづいて業務遂行の手順が詳しく説明された。「業務はおおむね次のような順序で進められる。外国人がパスポートを職員に提出→待合室で待つよう指示→職員は追放担当課長（不在の場合は局長か局長補佐）の判断を仰ぐ→追放担当課長はＤＤＳＰ〔県治安局〔Direction départementale de la sécurité publique〕〕に判断を仰ぎ、入国担当課課長に連絡→閉め切った小部屋で尋問をおこなう」[356]。

「私はポリシーとして人間狩りを嫌悪する。（中略）人間狩りは痛ましい行為だが、それにも増して息子狩りとはひどすぎると思う」。エリック・ベッソン〔政治家。二〇〇九年一月から二〇一〇年一一月まで移民・統合・国民アイデンティティ・共同開発担当大臣に就任〕はこう語る。しかし、〔狩られる対象が〕息子であれば必ず同じような共感を呼ぶというわけではもちろんない。父親が誰かによる。移民・国民アイデンティティ相の発言のなかで問題視された「人間狩り」とは、〔ニコラ・〕サルコジの息子がオー＝ドゥ＝セーヌ県のＥＰＡＤ〔ラ・デファンス地区開発公社：L'Établissement public pour l'aménagement de la région de La Défense〕の理事長に突然立候補したことで上がった抗議の声を指した。※

道徳や怒りの振り向け方は、「ポリシー」なるものとまったく同様、ご都合主義によるものだ。この種の非対称性は、支配者の二重の道徳規範を特徴づけるものである。権力者の息子が比喩として狩られるだけで文句をいいながら、もたざる者から子どもを組織的に文字通り狩り出すのである。[357] サルコジの息子のエピソードを一歩進めると、ここで明らかになるのは、国民の帰属と滞在の合法性との内的境界線上で確立しつつある規範体制が二枚舌だということである。この境界線は、保護を受ける不可侵の権利が認められる人々と、最低限の保護さえ受けることを拒絶される人々を分かつ。狩られる可能性のある人々と言葉のうえでもそうはなることのない人々、「保護される」人々とそうでない人々を分断するのである。

※　当時若干二三歳で、実績のほとんどなかったジャン・サルコジが、ＥＰＡＤへの理事長に立候補する意向を表明したところ、批判が噴出した。親が現職大統領のニコラ・サルコジというだけで公的機関のトップという重職に就くのはおかしいとの批判である。結局、ジャン・サルコジは、立候補を取り止めることになった。

# 結論

ある男が走り、武装した追手がつきまとう。古代都市の市門で捕らえられる異邦人《バルバロイ》からパリの地下鉄の通路で消える黒い人影に至るまで、何度も繰り返されてきた光景である。とはいえ、一見似たような状況のもとに、他とはまったく異なるいくつかの権力形態が隠れている。

さまざまな狩猟権力が存在するのである。それは、被支配者〔sujets＝主体〕を狩り出し捕らえる際に行使される。本書は、こうした主体の形態学が変化してきた歴史を描き出すものだ。他方、たとえばルネ・ジラールのような書き手によれば、人間社会において暴力は、贖罪のための犠牲の論理を基本的に根拠にして作り上げられ、一種の不変項であると仮定されている。しかし、私は、人間狩りに関するいくつもの歴史的な大事件には、どれにも動機と機能の面で特徴があったことを明らかにしようとした。ジラールなどのスケープゴート論の主張に反して、たとえば、何を獲物にするかは、決して恣意的なものでも、「他のことと比べて関心をもたれない」[358]ものでもない。むしろ獲物の選択は、これと決めた戦略に従うものなのだ。この戦略は、暴力は犠牲を伴うという画一的な型に帰着させる限り、理解できないままである。

狩猟権力はまず、古代の奴隷を支配するための必要条件として出現する。古代ギリシアの狩りは、奴隷労働力を力づくで調達するために人を捕獲する権力であり、主人が家政に対して有する権力を基盤に暴力を行使して奴隷を獲得する技術である。このような狩りが認められるのは、主人と奴隷の人間性が本性によって存在論的に分割されるからである。次に、聖書的伝統から、狩猟権力の第二の概念が出現する。暴力で臣下を捕らえる狩人の王ニムロドという権力像のことであり、司牧権力とまったき対照をなす。内在と外在、領土の拡張と群れでの移動、捕食と慈善、没個性化と個性化といったように、ニムロドは司牧権力と対照的なのである。これらすべてが、政治的主権を〔狩人と牧人という〕二つのモデルに分かつ。牧人による支配は、狩猟による支配とは真逆に定義されているが、その内部に特殊な捕食形態をいくつも生み出す。集団を保護するという至上命令を逆説的に根拠にした捕食形態である。問題は、もはや暴力によって臣下を獲得することではなく、伝染病にかかった神の僕を除去すること、つまり、共同体そのものを存続させるために、そこから臣下を追放することである。排除する狩りというこのモデルは、犯罪者を追放刑に処したり、民衆が狼を追い立てるように狼男を狩り出したりしながら、主権権力を行使することのなかに生きつづけているのである。

大別すると、以上が、近代の始まりにおいて想定され、行使されうる、狩猟権力の三つのかたちである。ただし、ある出来事がすべてを一変させる。〔アメリカ、アフリカ、ヨーロッパの〕三つの大陸において、環太西洋資本主義が発展すると、それに呼応して新しい人間狩りが突然現れるのだ。アメリカ大陸のそれは、隷従や動物のように殺すことを余儀なくする先住民狩りであり、上述の古い三つの権力カテゴリーが融合して征服のための新しい理論が作られるという図式で、先天的奴隷の狩りおよび人間界から追い出された人々の狩りとして考案された。アフリカ大陸では、現地の人々が仲介者として狩りを任せられると同時に、逆説的だが、奴隷交易の責任はアフリカ人にあるという説が編み出される。この説では、人種主義に基づき、獲物の対象となる人々は自分自身を狩りの対象とするものとみなされるので、彼らの隷従状態の責任は歴史的に彼ら自身にあることになる。同時期のヨーロッパ大陸では、広範囲にわたる貧民狩りによって、賃金労働者の形成と警察権力の台頭が促される。警察による追跡活動は、以後、監禁装置と切っても切り離せない関係になる。

以上のような新しい種類の人間狩りは、マルクスのいう資本の本源的蓄積の局面が華々しく表に現れたものであった。人類史上それまでになかった規模で狩りの網を広げる大きな狩猟権力こそが、資本のそれである。

フランス本国では、国家は、かつての追放モデルと絶縁し、正統な狩猟権力を独占するようになる。それでも国内では、民衆による狩りが、不安に駆られた群れのもとで再び出現する。このような狩りの群れは、人種的な支配関係を背景として（リンチ）、次に賃金労働者市場における競合を背景として（外国人狩り）、さらには政治的な敵対関係の変更を背景として（ユダヤ人狩り）動員される。極右運動は、政治的な支配権の基礎を自分たちに提供しうる社会的な力を、狩りの群れのなかに認める。極右権力の座に就いた極右は、国家の人種主義を定め、これに基づいて人種主義による狩りは綱領の中心となり、殺戮を扇動するこの綱領のスローガンが、国家権力のさまざまな手段を用いて追求されうるようになる。このとき、自然の捕食という動物学的モデルが国家の人種主義に基づく生政治機構と結びつき、ユダヤ人の大量虐殺計画に正統性の母体が与えられる。

今日では、国家の排外主義は、生物学に基づく人種主義によって絶滅にまで至らしめる狩りと断絶しているにしても、追放を強制するかつての狩りがもっていたいくつかの基本的な性格を復活させ再編成している。移民を不法状態に陥らせる政治は、逆説的だが、領土主権概念に立脚していながらも、その運用によって結局は事実上その概念を否定することになる。それは死をもたらす政治である。合法的な追放を通じて、新たに出現した法的には何の権利もない人々を逆説的にも搾取関係のうちに確実に包摂し、同時に、精力的に彼らを狩り出し彼らに不安感を与える政策によって、彼らの立場を脆弱にする政治なのだ。

権力についての歴史は闘争の歴史でもある。どうすれば人は、狩りと捕食の結びつきから解放されるのだろうか。どのように被食者の地位から政治的な主体性が形成されうるのだろうか。まず、〔解放も主体性形成も〕困難なのは、被食者が本質的に犠牲者と同定されているからである。私が示そうとしたのは、この種の政治的な同一化が、あるジレンマ、すなわち犠牲者のそれを伴うということだ。狩られる人々は、自律的な行動力を否定することと引き換えに犠牲者としての地位を認められるか、自分たちに対する虐殺者の罪を否定する代わりに自律的な行動力を認められるかのあらぬ選択を迫られているのである。このような二律背反は、厄介な政治的陥穽となる。それは、隷従からの解放を被抑圧者の務めにするために隷従の歴史的な責任を被抑圧者に課さなければならないという、誤った考えを根拠にしているからだ。〔被抑圧者が〕苦境を脱するためには、政治的な同一化についての、法とは無関係のカテゴリーを復活させなければならない。つまり、〔被抑圧者の〕能動的な主体性を承認しなければならない。彼らは自分の力で自由になるプロセスにすでに参画しているのだから。

人間狩りによって、特殊な意識関係が始まる。私は、この関係に固有の弁証法、つまり狩る者と狩られる者の弁証法を描き出そうとした。これが起こる契機は、ヘーゲル流の現象学にある古典的な図式とは異なる。狩られる者は、不均衡な力関係のなかに取り込まれると、すぐに最初の根源的な不安状態を乗り越え、狩る者の視線により割り当てられた客体の位置を逆説的にも内面化することで、自らのうちに能動的な主体性を作り上げることができる。そのとき、状況は一変する。かつての被食者は狩る側に回るのである。しかし、アポリアも同時に出現する。捕食関係が単純に逆転する、つまり非弁証法的に入れ替わるというアポリアである。そこでは、捕食者と被食者の位置が反転するだけで、この根本的な関係は存続するのだ。これこそが狩られる者の悲劇的なアイロニーである。被食者は、自らが逃れようとしていた対象になることでしか狩る者からは逃れられない。政治的な暴力を批判する理論を練り上げるのでなければ、この苦境からは抜け出せないままなのである。

狩猟権力体制において政治的な主体性を構成するにあたって立ちはだかる、もう一つの大きな障害は、捕食関係がその関係のなかで再生産されて行き詰まることにある。狩る側に回るのでなければずっと狩られる側のままであるという選択肢しかない場合、共食いに向かう力学が発展する。この力学により、支配される下位集団にまで主要な捕食関係が伝わり、無限に繰り返されることになる。これこそが、被食者集団を分割したり分裂させたりすることの戦略上の根本問題である。

この問題がとりわけ深刻なかたちで提起されるのは、政治的な排外主義勢力が、競合や狩りの群れという現象を手段として用いて、この現象を外国人を徹底的に排除する計画の基礎にしようとする状況においてである。排外政策の主な働きは、社会から保護が強く求められることを限定的な仕方で表現し直しながら、それを考慮することにある。その際、保護されなければならない人々と保護されえない人々（最悪の場合には、後者からこそ保護される必要性があるとの理由で、後者は保護されてはならない人々となる）とのあいだに線引きがなされる。正当に保護される範囲を現地で生まれた国民だけに定めること、それは、生政治的に人種を把握するかたちであれ、歴史と文化の観点から国民の同一性を捉えるかたちであれ、さらには行政と政治の観点から滞在の合法性を定義するかたちであれ、見捨てられる人々、つまり何の保護もなしに捕食関係にさらされる人々を必ず生み出すことになる。この種の排除は、保護の役割が中央集権化されたことで、いっそう力を発揮し、またいっそう害を及ぼす。この中央集権化は、保護される人間集団の境界線を定め、その集団の定義から除外された人々を狩るための手段を自由に用いることのできる制度によるものだからである。

人間同士の捕食関係とその政治史を研究することで、保護の問題が中心的な課題に据えられる。保護に関わる法が無効にされることで被食者が生み出されるのであれば、そのことの反対推論により、普遍的な政治共同体の使命は何でなければならないのかを明らかにする非常に重要なヒントも提供される。この共同体の究極的な目的とは、人間同士の捕食関係に抗って集団の保護を確立することである。

# 追記

本書の執筆が終わりを迎える頃、私は新聞で以下の記事を読む。

イタリアはロザルノで移民狩りがおこなわれた。季節労働者として移住してきた人々は、正真正銘の人間狩りを受け、出国を余儀なくされている。

事の発端は、木曜日の夕方、カラブリア地方から来た若者数名が、移民たちに向かってカービン銃を発砲したことであった。負傷者は二名。移民たちは、いくつものゴミ捨て場や数多くの自動車に火をつけて抗議した。金曜日には、移民労働者二〇〇〇名が、自分たちに向けられた侮辱行為や暴力に抗議の意を表明するため、デモに参加。プラカードには、「ここのイタリア人は人種主義者だ！」「我々は動物ではない！」といった言葉が見られた。毎年、冬になるとやってくる四〇〇〇人の季節労働者。二五ユーロの日給を得るために、夜明けから夕暮れどきまで柑橘類の果樹園で働き、町の郊外に位置する粗末な建物に身を寄せ合って暮らす。そんな彼らに対し、夜、攻撃は激しさを増して再開された。二〇〇〜三〇〇名の住民が鉄の棒やカービン銃で武装し、バリケードを張り、さらには移民の団体の建物を包囲したので、周囲は物恐ろしい雰囲気に包まれた。大臣たちが競って「不法滞在」に反対する発言をおこなうなど、シルヴィオ・ベルルスコーニ政権が作り出した雰囲気は、ロザルノの一部の住民が感じた不安と無関係ではないだろう[359]。

# 訳者解題——権力論の一類型としての狩りについて

『人間狩り』というのは、人文学の棚に並べられる書物としてはなんとも穏やかではない物騒なタイトルである。とはいえ、本書で著者が関心を示すような軽いB級映画的な興味から手を伸ばしてみても、多少小難しい部分にぶつかることはあれ、一読してみればある種の現代哲学入門やスリリングな読書体験となる本ではないだろうか。入口が真面目な関心であれ、少し浮ついた興味であれ、いずれにせよ、本書は、冒頭から「隠喩」と解してはならないとあるように、紛れもない現実の歴史を哲学的に考察したものである。

著者グレゴワール・シャマユーについては、すでに本書と同じく明石書店から出版された二冊の訳書のなかで、それぞれの訳者が力のこもった秀逸な訳書解説とともに紹介している。(1)本書との関わりで手短に触れるならば、ガストン・バシュラール、ジョルジュ・カンギレム、ミシェル・フーコーといった錚々たる名前と結びつけられる科学認識論《エピステモロジー》と通称呼ばれるフランス固有の特色をもつ科学史・科学哲学研究の代表者であるドミニク・ルクールのもとで、シャマユーは博士論文を提出した。それが著者の手になる最初の著作『人体実験の哲学』(原著二〇〇八年)として刊行されるや否や、シャマユーは「フーコーの再来」という賛辞を得た。二〇一三年、当時のアメリカ大統領オバマによるドローンの使用に対する反発がきっかけになったと後にインタビューで語るエドワード・スノーデンが、国家安全保障局(NSA)の国際的監視網を告発し、現在に至るまで解決されていないGAFAM(グーグル、アップル、フェイスブック、アマゾン、マイクロソフト)と呼ばれるテック産業の支配とプライバシー保護の問題をも提起した。同年、シャマユーは『ドローンの哲学』を刊行する。この著作は、二〇一五年に英訳されたのを皮切りに世界各国の言語に翻訳され、二〇一七年にはアメリカ東部の大学教授たちが学生に推薦する七冊のうちの一冊に含まれた。

本書『人間狩り』は、ちょうど右記二冊の著作のあいだに挟まれたかたちで刊行された著作である。これら三冊の著作には、いくつかの共通した特徴が見られる。第一に、従来の哲学では扱われてこなかった異質な素材《マテリアル》——人体実験に供される「卑しい体」「人間狩り」「ドローン」——を哲学的な考察対象とする点である。

第二に、アプローチとして、こうした異質な対象の認識上で科学史と政治史を交差させる点が挙げられる。一八世紀から一九世紀にかけて医学実験に供与された生きた身体に関する研究『人体実験の哲学』を例にしよう。同書の第一章では、主に一八世紀後半にフランスで解剖学者として名を馳せたヴィック・ダジールによって書かれた次の一節がエピグラフとして掲げられている。「今日我々がまったく安全に享受している多くの知識は、想像もつかない真実への愛に導かれた人々が絞首刑死体の腹蔵のなかから見つけ出してきたものである。知識とは、その獲得の行程が跡形もなく消えた後に残る効用であり、我々が感謝のかけらもなく使用している遺産である」。この一節から導かれるように、同書では、医学の進歩の背後に残され、今ある医学に貢献しながらも、忘却された人体実験を可能にした倫理的・政治的条件を科学史として再構築することが目指される。そこで浮かび上がるのが、医学実験に伴うリスクを一手に背負わされることになる「卑しい体」、すなわち死刑宣告を受けた者、懲役中の者、孤児、娼婦、植民地住民といったカテゴリーに分類される、尊厳を貶められた人々の身体である。さらにそこから浮かび上がるのは、非人間化され価値を貶められた身体を認識対象として構築するまなざしのもとに医学史と政治史が交差し、知と権力の関係が築かれる過程である。

三冊の著作に共通する第三の特徴として、本書の主題である狩りというテーマ系がある。実際、『人体実験の哲学』の序章において、本書第1章に読めるような、プラトンによる作る技術と取得の技術との区分を踏襲して、シャマユーは、実験のために人間を獲得する術を「人間狩り」とすでに呼んでいる。[2]『ドローンの哲学』では、二〇〇一年九月一一日から始まる「テロに対するグローバルな戦争」において、全世界が戦場になったというよりも「狩猟場」になったのであり、ドローンの戦争を特徴づけるのは戦闘行為よりも「狩り出しや追跡行為」だと述べる。[3]

ただし狩りは、このように『人体実験の哲学』や『ドローンの哲学』において現れながらも、周縁的なモチーフにとどまっている。それに対して本書では、狩りというモチーフは、権力論の一類型として「狩猟権力」と名づけられるに至るまで全面的に展開されている。

以下では、まずこの狩猟権力の特徴について概観する。次にそれが対置される司牧権力との関係を始めとして、ミシェル・フーコーの権力論と比較検討する。最後に、狩りのテーマにフェミニズムの視点を導入し、自己防衛の問いを加えることで独自の暴力の哲学を展開したエルザ・ドルランの所説に触れることで、本書の解題に代えることにしたい。第二と第三の論点に関しては、本書の原著が刊行されておよそ一〇年のあいだの議論の広がりを明らかにしようとする試みである。本書の論点をすべて網羅したわけではない以下の議論には、本論を読まれた後では不足と思われる部分、あるいは逆に蛇足に思われるところもあるかもしれない。それゆえ以下につづく議論は、反論を含め、何らかのかたちで読者諸氏の読書体験を触発する材料となれば、幸いである。

## 「被食者に関する理論」

人間狩りが、人間が動物に対してするいわゆる通常の狩りと異なるのは、同じヒトという種のうちで繰り広げられるからである。ここから、捕食者の標的となる被食者の両義的な地位が生じる。すなわち、被食者は、狩りの餌食になる対象として動物化されながらも、人間性を認めつづけられるという矛盾した地位にある。したがって古代ギリシャから始まる人間狩りには、人間と動物の種差によって、家政を司る主人と奴隷という支配関係を表現する性格が見られる。被食者たる奴隷に、「人間の家畜」や「二足歩行の雄牛」という人間に似た生物《ヒューマノイド》のイメージ、つまり擬人化された動物表象が与えられたのはその証左といえる【第1章（以下同様に【】に参照した本書の章・頁数を示す）】。

ただし、狩る者と狩られる者、捕食者と被食者、追う者と追われる者、狩り立てる者と狩り立てられる者、追放する者と追放される者といった一連の対立項において動物化は、後者の項だけでなく、前者の項にも同様に生じている。実際、本書のダイジェスト版である「最も危険なゲーム」と題されたシャマユーの論考の序では、植民者が被植民者を獣のように扱うなかで自らをも獣に変貌させる過程を記述したエメ・セゼールの『植民地主義論』が参照されている。(4)

本書では、このセゼールへの参照は、逃亡奴隷という限定された歴史的文脈【第6章】において語られている。この些細にみえる変更には、おそらく捕食者の動物性＝非人間性を一般化するよりも、被食者という地位の歴史的変遷に焦点が合わせられたことがうかがえるであろう。本書冒頭に、「どんな狩りも被食者に関する理論を伴う」【九頁】とあるように、人間狩りが実施されるためには、被食者となる者が予め公的領域から追放・排除されることが前提となっている。人間を人間のままにしながらも人間以下の存在として追跡・追放・捕獲・虐殺の対象とするような権力の行使が、いかに歴史的にかたちを変えながらも繰り返されてきたのか。このような権力の作動条件やメカニズムとは、いかなるものなのか。これらが、狩猟権力を鍵語として、さまざまな歴史的な場面のなかで探究される本書の問いである。

時代としては古代ギリシャから現代まで、地理的領域としては大西洋を横断してヨーロッパ、アメリカ、アフリカの三大陸を扱う本書を貫く一本の糸は、アリストテレス研究者たちのあいだでも悪名高い、『政治学』の第一巻で展開された「自然に基づく奴隷」に関する議論である。(5)

家政の領域、すなわち家を切り盛りする主人に仕える家内奴隷の存在を正当化する役割を果たしていたアリストテレスの言説は、近世の環大西洋世界において、資本主義が植民地主義とともに始まる時代状況下に再発見され、大規模な人間狩りを正当化する論理に作り変えられる。そこで大きな役割を果たしたのが、神学者でありアリストテレス研究者でもあったセプールベダ(一四八九―一五七三)であった。セプールベダによって、先住民は、風俗や道徳の面で人間として劣っているがゆえに征服され、ときには追放し虐殺することが正当化される一方で、改宗を条件に人間として認められるような存在となる。アリストテレスとは異なり、セプールベダの先天的奴隷論では、先住民は、自然本性のみならず、風俗、言い換えれば生活様式《ライフスタイル》においても劣っているがゆえキリスト教によって教化されなければならない存在とみなされていた【第4章】。こうしたアメリカ大陸における神学的奴隷論は、一八世紀から一九世紀にかけてアフリカ大陸において帝国主義が勃興するなかで、生物学的な人種理論のかたちをまとって、いわば世俗化される。民族間の関係は動物種の関係になぞらえられ、その結果、人種間のヒエラルキーが確立する。そこでは、個々人に改善可能性の余地は残されていたとしても、人種間のヒエラルキーを揺るがす可能性は存在していなかった【第5章】。

実際、こうした人種主義は、アメリカにおいては家父長制と結びつきながら白人至上主義を支えるイデオロギーとなり、黒人に対する集団リンチを日常的に習慣づけるに至る思想となる。ここにおいて、フレデリック・ダグラスが述べるように、このような暴力を支えるのは人間の本性ではなく、奴隷制を肯定してきた慣習や制度である【第9章】。アメリカにおいて群衆によって行われていた狩りは、ヨーロッパにおいて、外国人労働者に対する排外主義が社会的動員に成功するというフランス極右の発見を経て【第10章】、人種主義国家によって担われる狩りとなる。フーコーが人口の管理を対象とした生政治を論じるなかで指摘するように、ナチスの国家装置において、人種主義は生きる者と死すべき者とを分かつ選別装置となる(6)【第11章】。

以上のように、本書において叙述される「被食者に関する理論」の一端は、アリストテレスの自然本性論の変奏を通じて描き出されているということが理解されよう。つまり自然に基づく奴隷という思想は、アリストテレスの手を離れ、もともと生まれた特定の地域と時代の文脈から脱文脈化され、別の地域と時代に移し変えられながら再構成されたのだ。そのことは、当然ながら現代にまで存続する人種差別的な暴力がアリストテレスに帰せられることを意味するわけではない。まったく逆に、結論部でルネ・ジラールのスケープゴート理論(あるいは、この理論に向けられたほど強調されているわけではないが、ジョルジョ・アガンベンが提出した「ホモ・サケル」という超歴史的な犠牲者のカテゴリー【一九五頁】)が理論的敵対者として設定されているように、本書は、犠牲者やそれを産み出す構造の永遠性を主張することを目的としているのではない。むしろ、さまざまな狩りとその正当化の様態を歴史化し、その継起や結びつきを提示することが本書で目指されているのである。

## 狩猟権力とは何か――フーコーとシャマユーの権力論の相違

古代ギリシャにおいて家の主人の権力でしかなかった狩猟権力は、キリスト教世界においては教会が有する教権と対立する俗権、すなわち王の権力によって行使されることになる。第2章でシャマユーが描き出す権力の一類型としての狩猟権力は、ヘブライ文化を起源としてキリスト教世界において発展したとされる司牧権力に対置される。司牧権力とは、ミシェル・フーコーがコレージュ・ド・フランス講義録『安全・領土・人口』（一九七七年～一九七八年）および『生政治の誕生』（一九七八年～一九七九年）において課題とした統治概念の検討にあたって、主権国家体制が確立する近世以前のキリスト教による統治を規定する言葉である。司牧権力と呼ばれるのは、その導き手である聖職者を牧者として、それに導かれる統治の対象を羊の群れになぞらえたことに由来する。(7)

司牧権力は政治的権威を超越的な神の法に基礎づけ、三つの特徴を有する。第一に、羊の群れの移動に見られるように、牧者の権力は動く群れに行使される。第二に、慈善的な権力である点が挙げられる。牧者は、羊が迷うことなく草原に導くことができるように、群れ全体を配慮しなければならない。第三に、個別化する働きである。羊の数を一頭一頭数えるように、成員を一人一人把握しなくてはならない。以上の三つの特徴から司牧権力は、臣下の救済に際し、群れ全体の存続を脅かす事態に直面したときに、つねに個か全体かいずれを犠牲にするかジレンマを抱えるような権力の形態である。(8)

他方で、ニムロドによって形象化される狩猟権力は、政治的権威の基礎として、いかなる超越的な審級にも依拠することなく、力関係の内在として存在し、右に記した司牧権力の特徴をことごとく裏返しにした獰猛な権力である。それは、動く群れを自らの領土に捕獲し、捕らえた個体の労働力や財を無慈悲に容赦なく採取し尽くし、個を群れから孤立させ、無力化し、蓄積の対象とする。結果、狩猟権力には個か全体かのジレンマは微塵も存在せず、ある群れが絶滅すれば、別の群れを探しに行けばいいだけなのである。

ここで、以上のような本書で記述された対比を超えて、シャマユーがフーコーの司牧権力に狩猟権力を対置させることでいかなる思考の地平を可能にしようとしているのかを問うことは、フーコーの思想が日本でも大きな参照項となっている文脈において、無意味なことではないだろう。

フーコーにおいて、権力の問題は支配の問題と区別される。支配においては力関係が固定されたままであるのに対して、権力においては力関係の反転が可能となる。シャマユーもまた、フーコーのモットー「権力があるところに抵抗がある」にならって、権力関係の反転を論じる(とりわけ、第6章がこの主題に当てられているが、第4章のヒューマニズムをめぐるセプールベダとラス・カサスの対立を筆頭にほぼすべての章が、権力関係の反転、あるいは少なくとも支配関係から解放される可能性を示唆する議論で締めくくられている)。他方で、ときに恋愛関係とも地続きであるとされるフーコーの権力関係に対して、シャマユーのそれが一線を画すのは、「捕食関係」とも言い換えられるように、その圧倒的に非対称な関係性であり、権力行使に伴う暴力の存在である。

この点は、本書を含めたこれまでのシャマユーの三冊の著作とは異なり、狩りをモチーフとしない最近の二冊のシャマユーの著作にも通じるところがあるといえよう。『統治不能社会――権威主義的自由主義の系譜学』(二〇一八年)およびそこで論じられたカール・シュミットとヘルマン・ヘラーのテクストの仏訳『権威主義的自由主義論』に付した解題論考「一九三二年、権威主義的自由主義の誕生」(二〇二〇年)において、シャマユーは、フーコーが『生政治の誕生』で論じた新自由主義論とそれに依拠した左派の言説を批判の俎上に載せている。曰く。

> 『生政治の誕生』におけるミシェル・フーコーの著名な講義について、人が記憶に留めたのは、「国家に対する批判」という新自由主義の理解だ。この視座において、新自由主義は、第一に、(中略)程度の差はあれ反国家主義の推進によって駆り立てられた潮流である。つづいて第二に、新自由主義は、(中略)少なくとも部分的には、直接的で垂直的かつ階層的な命令関係を断念した統治性の形態である。こうした命令関係に代わって、主体における自立や責任を引き受ける形態、つまり全般化した競争を背景とした個人の自己管理が推進される。以上が、少なくとも二〇〇〇年代から英語圏の批判理論において増加するある種のポスト・フーコー的な解釈の普及版に見られる議論である。(中略)

フーコーがオルド自由主義者を扱うとき、主にかれらの戦後の経歴に関心を示す。確かにフーコーは、多くの主要人物が参加した一九三八年のリップマン・シンポジウムに言及する。だが、そのほかは、定期刊行物『オルド』が出版される一九四八年からしかオルド自由主義者を扱わず、一九三〇年代初頭のかれらのテクストを無視するのである。ところが、この欠落によってこそフーコーの分析に重大な波紋がもたらされる(9)。

煎じ詰めれば、反国家主義とある種の自己責任論に要約されるフーコーの新自由主義解釈は、フーコー自身が一九三〇年代のオルド自由主義者の議論を考察しなかったことによる不十分な結論でしかない、とシャマユーは断じる。フーコーの分析視角に入ることのなかった議論とは何か。それは、ナチスの公法学者とされながらも、法思想・政治思想において大きな影響を今なお与えるカール・シュミットの講演「強い国家と健全な経済」である。一九三三年一月にヒトラーが政権を獲得する直前の一九三二年一一月二三日、シュミットは産業資本家に招待され、講演する。ドイツの経営者がナチスを選択するにあたって決定的な役割を担ったとされるこの講演をシャマユーは次のようにまとめる。「民主主義的政治において、国家と社会は混ぜ合わせられてしまう一方、「全体的－権威主義的」政治においては、国家と社会は判然と区別される。つまり、民主主義的政治において、社会は政治化され、国家は「社会化される」のに対して、「全体的－権威主義的」政治においては、社会は脱政治化され、国家は強化されることになる。ただし、そうした社会の脱政治化や国家の強化は、国家と経済のあいだにある厳密な区分線においてなされる。こうして階級闘争が国家の鉄の踵でおさえ込まれることで、「経済」が再び繁栄する。これが、強い国家、健全な経済である」。

一見、「強い国家」は、国家に治安機能以外の役割を認めない夜警国家や最小国家に似たものに映る。だが、それは、もともと自由主義の前提であった市民社会への不干渉の原則を時代遅れにしつつ、社会的領域における異議申し立てについては断固として取り締まる。他方で、経営者団体の私的な政府が治める仲介的な領域を国家と市場のあいだに介在させることは認められる。(10) ここにシュミットの主張が当時のドイツ経済界に迎えられた理由が推し量られよう。

一九三三年にナチスから逃れた亡命先スペインで亡くなった社会民主主義者の法学者ヘルマン・ヘラーは、この講演を読み、権威主義的自由主義というカテゴリーを作り出すことになる。「というのは、経済が問題となるや否や、「権威的」国家は自らの権威を断念し、「保守的」とされるこの国家の代弁者はただただ経済の国家からの自由という合言葉しか発することができない有様だからである。(中略)「権威的」国家は、それゆえ、ひとつには経済生産と分配からの撤退によって特徴づけられる。(中略)このような態度が意味しているのは、国家が大銀行や大工業家、大農業家のための援助政策を控えることではなく、社会政策を権威主義的な立場から解体するということである」(11)。

しかし、こうしたシュミットの「強い国家」は、いかなる意味においてフリードリヒ・ハイエクらオルド自由主義者に影響を与えたのであろうか。この点で、いち早くシャマユーの議論を紹介した酒井隆史が指摘するように、ハイエクにとって、過剰な民主主義——統治不能社会——は、市場の秩序を乱すがゆえに、制限されなければならない。このことが、「平常時にはデモクラシーの可能な限りの制約を推奨し、非常時には独裁を肯定することのできる文脈[12]」なのである。

第二次世界大戦後に国際標準であったケインズ主義が過去のものとなった時代に、世界の経済運営を担うシカゴ・ボーイズの中心人物として表舞台に立ったハイエクは、国家嫌いどころか、強い国家を要請する。もしかすると、このノーベル経済学賞受賞者による『大統領の独裁』の著者に対する共感は、一般に全体主義の理論家として「危険な」思想家と形容されるシュミットを権威主義の理論家と捉え直す機会になるかもしれない。そのことの是非はどうであれ、シャマユーは、ハイエクに共感をもたらした権威主義の危険度を次のように指摘する。「ハイエクにしたがえば、シュミットは（中略）、ときおり「悪い方」に流れてしまったとしても（中略）、正しく物事を見たというわけである。そうであるならば、ハイエクもまた物事を正しく見たのである。というのも彼は、民主主義的統治の問題を検討するために、シュミットのメガネを通したのだから。とはいえ、ハイエクはどちらの方に流れたのであろうか。サラザールがポルトガルで権力を掌握する。彼は穏やかな言葉を用いてサラザールに彼の憲法草案を送る。軍がアルゼンチンを力づくで支配すると、彼はアルゼンチンに赴き、将軍たちと接触を図る。ピノチェトがチリを血まみれにすると、彼は同じゲームを始める。南アフリカに対するボイコット運動が始まると、彼は筆を執り、アパルトヘイト体制を擁護する、以下同様である。まさに、「社会主義的傾向に対する反動によって」独裁体制が課される歴史的状況にハイエクがいると、いつもとはいわないまでも、ほぼいつも、彼は独裁体制に助言を与えるためにかけつける」[13]。

以上手短に概略を示したシャマユーの権威主義的自由主義論によって指し示される課題は、フーコー研究、ドイツの国家学、経済思想といった領域が交わる地点にだけあるのではない。その課題には、「緊縮財政と権威主義の歯車」[14]によって動かされる現在の状況の検討もまた含まれる。その状況は、二〇二〇年のバイデン政権の誕生によって揺り戻しがあるものの、世界の至るところで権威主義的ポピュリズムが依然として存続するなかに確認できるのではないだろうか。これらの課題は、訳書解題の域を超えるがゆえに、未解決《オープン》なままにとどめておく。それでも本書『人間狩り』にかかわる限りで確認しておきたいのは、シャマユーの研究が、フーコーに強いインスピレーションを受けながらも、彼の権力論に欠けている暴力の契機を導入し補完することで、「現在性」に迫ろうとしている点である。

## 狩る者／狩られる者、自己を守ることが許される者／許されない者

『人間狩り』にかかわる最近の議論として、エルザ・ドルランの研究を見逃すことはできない。ドルランは、シャマユーと同じく科学認識論と政治学を横断する領域において[15]、インターセクショナリティ、端的に、性差、人種、階級が交差する研究を積極的に進め[16]、アメリカで発展したブラック・

フェミニズムを最初期にフランスに紹介した翻訳テクストの編纂にも関わってきた[17]。『ジェンダーと歴史学』（荻野美穂訳、平凡社、二〇〇四年）の著者で知られるジョーン・W・スコットが序文を寄せたドルランの代表作『人種のマトリックス――性差と植民地との関連におけるフランス国民の系譜学』では、性差別と人種差別が、一六世紀から一七世紀にかけての医学的な言説において、性や人種に割り当てられる「体質（tempérament）」という用語を介して病理学的に分類されていた点で起源を同じくするという議論を展開した[18]。

ここでは、『人間狩り』において論じられた捕食者と被食者の関係に直接かかわる著作として、『自己を守ること――ある暴力の哲学』の内容をかいつまんで紹介しておきたい。同書は、シャマユーが監修する（出版社ラ・デクーヴェルトの）叢書「ゾーン」の一冊として二〇一七年に出版され、その二年後に同じ出版社から文庫版として再版された。ドルランは、この著作をめぐるラジオインタビューのなかで、『人間狩り』からの影響を明言している[19]。

実際、『自己を守ること』の最終章第二節には、「獲物〔proie＝被食者〕の現象学」という標題が与えられている。それは、狩られる側の視点から捕食関係の理解を更新しようとする試みといえよう。題材となるのは、ポーランド人を父に、ウクライナ人を母にもつロンドン生まれのイギリスの作家ヘレン・ザハーヴィが、自身のジャーナリスト時代の経験から着想を得て、一九九一年に刊行した最初の小説『ダーティ・ウィークエンド』である。主人公ベラは、イングランド南岸に位置する都市ブライトンの半地下アパートに住む女性である。ベラは何か特別な個人史を持ち合わせているわけではない、どこにでもいる特性のない女性として描かれている。それゆえ「ベラはまさに女性一般を表現できる」[20]。物語は、ベラが日々受ける卑猥なまなざしや侮蔑的な言動に心身を病むなかで、ある日当然向かいのアパートに住む男から性的脅迫を受けたことを転機とする。ベラはその男を殺し、それから小説は、二日間にわたってベラが彼女に近づく男たちを殺していく結果、血まみれの週末となる物語を描く。

小説は、その刊行以前から新聞紙上で、不道徳きわまりないものとされ、作者ザハーヴィは「精神病」を患っているとまで非難された[21]。刊行当時、同書は、作家サルマン・ラシュディによって「男どもに向かって行使される暴力をめぐるちょっとした倒錯的な復讐劇」と評され、メディアでは「シリアル・キラーのフェミニズム」などと騒がれた。こうした評価は、トマス・ハリスのハンニバル・レクター博士シリーズの第二作『羊たちの沈黙』(小説一九八八年刊行、映画一九九一年公開)が世界的に成功した背景などもあってのことであろう。しかし、『ダーティ・ウィークエンド』を一読すれば、そこで描かれる暴力のメカニズムが、猟奇趣味や本能的な血の渇きの類からではなく、「狩人が獲物になる。獲物が狩人になる」[22]こと、つまり基本的に狩られる立場にあるベラが身を守るために狩る者に転ずることで発動することが読み取れる。そこには、男=捕食者と女=被食者の関係を反転させるブラックな痛快さが描かれているのである。

しかし、痛快さというとただ暴力を肯定しただけになってしまう。他方で、『ダーティ・ウィークエンド』に対するメディア上の不道徳であるという合唱も、暴力を男性支配者のものとするフェミニズムの立場も、同じ前提を有する。どちらの視点でも、女性はつねに犠牲者の位置に置かれていることが前提なのである。ここには、本書第5章で論じられた犠牲者のジレンマと似た構造が見られる【七四頁以下】。つまり、女性はつねに暴力の犠牲者であり、暴力の自律的な担い手と考えられることはない。

では、『ダーティ・ウィークエンド』の前半部におけるベラが受けた暴力の現象学的記述を通じて、どのように被食者から捕食者への移行を考えることができるのだろうか。この移行は「フェミニズム的自己防衛の学習過程」であるとドルランは述べる。その含意は次のような印象的な文によって示される。「ベラは、戦うことを学んだのではなく、戦わないことを学び捨てた。それゆえ、フェミニズム的自己防衛の戦略に移ることで、現実を分離させ、結果としてそこから（動けなくしたり、傷つけたり、殺したりする）行為の結果を抽出することが問題なのではない。逆に、暴力という社会的現実の連なりに分け入り、結果としてすでに暴力によって貫かれた身体を社会的現実に連動させることが問題なのである」[23]。『ダーティ・ウィークエンド』において展開される暴力は、露悪的な興味にも、因果応報に属するような個人的な復讐劇にも切り縮められるものではない。軍隊にいたわけでも、護身術を習ったわけでもないベラがハンマーを振りかざし、ナイフを使い、銃を撃つ背景には、そのような暴力にさらされ、怯え、肩を震わせてきた彼女自身の社会的経験を照らし出すものがある。

ここでベラの変化をシャマユーにならって被食者から捕食者への移行としてきた記述について、前言撤回とはいわないまでも修正を施さなければならない。捕食関係の反転という論点に関して、ドルランはこう述べる。「獲物が狩りを始めるときでも、獲物が狩人になるわけではない。獲物は必要に迫られて自己を守るのだ」[24]。これまでは『人間狩り』で用いられた語彙を明示的に参照するドルランの議論を概観したが、以下では、この「自己を守る」というドルラン自身のテーマにより焦点を合わせよう。

『自己を守ること』では、狩る者と狩られる者との関係は、身を守ることが許される者とそれが許されない者との関係として考察される。次の文章の含意を明らかにするなかで、この著作で提起される問題の射程が理解されよう。「確かに、近代の主体は（中略）、自ら身を守る能力によって定義された。しかし、この自己防衛の能力は、十全に主体である人々とその他の人々とを区別するのに用いられる基準となったのである」[25]。

たとえば、一六八五年に編纂された『黒人法典』では、奴隷が棍棒などを所持していた場合には鞭打ちの刑に処することが明記され、また、一九世紀のアルジェリアでは、植民地国家フランスは、植民者に武器の所持を認める一方、被植民者である土着民にはそれを認めなかった歴史的事実がある。このように自らの身を守ることにかかわる非対称性は、植民地主義時代における物質的な道具の所持に関する法の水準にはっきりとみられるわけである。

『自己を守ること』の最後は、二〇一二年二月二六日、フロリダ州サンフォードで起きたトレイボン・マーティン射殺事件によって締めくくられる。それは、当時一七歳だったトレイボン・マーティンが、ラテンアメリカ系の自警団員であったジョージ・ジマーマンによって射殺された事件だが、さらに問題となるのは、容疑者が五時間ほどの尋問を受けた後に釈放されたことにある。このことに対する抗議を発端として、翌年、ブラック・ライブズ・マター運動が生じる。

一七世紀の植民地主義の時代から、一九九二年四月末から起こるロサンゼルス暴動のきっかけを与えた前年のロドニー・キングに警官が加えた暴行事件を経て、トレイボン・マーティン射殺事件までに一貫する特徴とは何だろうか。それはおそらくブラック・ライブズ・マター運動が再燃する起爆剤となったジョージ・フロイドの死（二〇二〇年五月二五日）をもたらした警察の暴力にまで通底したものであろう。その特徴とは、まさにこの特徴が私たちを当惑させ、それゆえに私たちの理解からすぐにこぼれ落ちてしまうものでもあるのだが、警官や自警団員から被害者への一方的な暴力が正当防衛として提示され、しばしばそのように認められることにある。これまであまりうまく言語化されてこなかったこの長い歴史を有する社会的事実に対して、ドルランは明快な言葉を与える。「自己を守ることの可能性こそが支配的な少数者の排他的特権なのである」[26]。言い換えれば、他者に対する過剰な恐怖や防衛反応から生み出される恐るべき他者の抹消が許容される一方で、そうした暴力行使に対する抵抗は認められないのである。ここでの暴力の非対称性は、武器の所持にかかわる権利上の水準だけでなく、極端にいえば、身を守るための筋肉の硬直にまで及ぶ事実上の水準にもかかわる。この意味で、自己を防衛するにも、それが許される者と許されない者が存在するのだ。狩られる者は、公共領域から排除されることが前提にあるとシャマユーは本書で述べた。その排除の具体的な様相として、被食者は自らを守ることも認められていないということをドルランとともに付け加えよう。

こうしたドルランの問題提起は、日本でもますます関心の高まるフェミニズム理論家ジュディス・バトラーの非暴力論の重要なインスピレーション源の一つとなっている。フランス語 *se défendre*〔身を守ること〕の再帰代名詞 *se* を英語の *self* に翻訳しながら、バトラーはこう問う。守るに値する自己と守る必要のない自己とを分かつ分断線は、どこにあるのか、と。このような自己についての問いかけは、しばしば個人の良心の問題と結びつけられる非暴力の概念を問い直し、その概念がもつ力に新たな光を投げかけようとする試みである。守ることをめぐる自己の境界線が、階級、性差、人種、（国民か非国民かという）国籍などによって引かれるものであるとするならば、この自己の存在は、個人主義的な道徳の立場に還元されるよりも、自己そのものを構成する社会的紐帯を再検討するように促すのである。それゆえバトラーは、次のように述べる。「自己防衛を基礎としながら暴力を正当化する議論では、「自己」が何であるか、誰がそれを有する権利があるのか、どこに自己の境界線があるのかについてあらかじめ認識されているように思われる。しかしながら、この「自己」が関係的なものとして考えられるのであれば、自己防衛を擁護する者たちは、何がこの自己を境界づけているのかをうまく説明しなければならない」[27]。

再び本書に立ち戻って、ドルランとバトラーの議論から、シャマユーが本書の結論で論じた集団的な保護の確立をめぐる問いを再検討してみることはあながち突飛なことでもないだろう。狩猟権力の歴史は、捕食関係からの解放をめぐる闘争の歴史であり、保護の問題が中心にもなる歴史であるとシャマユーは述べる。この問いは第10章「外国人狩り」に私たちを差し向ける。そして、一九世紀末のフランスにおける極右による排外主義の高まりを論じた本章は、現代の至るところにおいて目撃される光景と地続きであるかのようである。労働市場であれ、社会保障の受給資格であれ、アメリカ・ファーストの類の文字面だけ新しいあからさまな自国民優遇主義によってもたらされる凄惨な排除の場面に接しない日のほうが稀なのではないか。出自を異にする労働者同士の競争、「その論理はいわゆる共食いである」【一五六頁】。共食いの力学は、ある種の分断統治として被食者を下位の諸集団にまで無限に再生産する。

一九世紀にはこうしたナショナルなものによる労働者の分断に対抗して、痛みや苦しみという負の経験を共有する友愛の概念を通じて労働者の連帯が創出された。では、今日において、集団的な保護を確立する道としてどのような選択肢があるのだろうか。さまざまな真剣な議論があることは承知した上で、あるいは消費者主権のもとで人々の政治意識やコミュニティ意識は失われたとか、労働組合の組織率は低いとかいわれていることを承知した上で、先達の国際主義者や連帯主義者の精神にならって、まず私たちは次のように反語的な問いかけから議論を始めてもいいのかもしれない。一九世紀の労働者が分かち合うことのできた痛みや苦しみの経験に対する共感の感情を、なぜ二一世紀の労働者はもつことができないなどといえるのだろうか、と。

＊

翻訳にあたって以下を底本とした。Grégoire Chamayou, *Les Chasses à l'homme–histoire et philosophie du pouvoir cynégétique*, Paris, La Fabrique, 2010. ただし本書に見られる明らかな誤植は次の英訳版を参照して適宜訂正した。Grégoire Chamayou, *Manhunts: A Philosophical History*, Princeton: Princeton University Press, 2012.

本書の翻訳は、『ドローンの哲学』の訳者であり、クロード・ルフォール『民主主義の発明』（勁草書房、二〇一七年）の翻訳をご一緒させて頂いた渡名喜庸哲先生の紹介なくしてはあり得なかった。また本書と内容の重なる『野蛮の言説』（春陽堂書店、二〇二〇年）の著者である中村隆之先生にも様々な面で翻訳の後押しとなるような檄を賜った。該博な知識と旺盛な活動力でもって、私を含め後輩をいつも後押しして下さる両先生に感謝したい。本書で用いられるスペイン語やポルトガル語に関しては、遠藤健太先生（フェリス女学院大学国際交流学部）に、フーコーの訳語に関しては、箱田徹先生（天理大学人間学部）にご教示を頂いた。記して感謝したい。圧縮した文体で様々な文脈を横断する本書を翻訳するにあたって、アフリカのフランス語圏文化に造詣が深い吉澤英樹先生、一八世紀から二〇世紀にかけてのフランス史を専門とする中山俊先生に加わって頂けたのは私だけでなく、本書にとっても幸運だったはずである。翻訳の分担としては、平田が序論から第4章まで、吉澤が第5章から第8章まで、中山が第9章から結論および追記までを訳し、それぞれの訳稿を三人でクロス・チェックした。

最後に、何度も設定して下さった刊行スケジュールをことごとく破ったにもかかわらず、最後まで丁寧かつ的確なフォローをして下さった本書の編集者兼最初の読者である武居満彦氏に篤く御礼を申し上げる。

二〇二一年八月

訳者代表　平田周

(21) *Ibid.*, p. 190.

(22) ヘレン・ザハーヴィ『ダーティ・ウィークエンド』真野明裕訳、新潮社、一九九四年、二六三頁。

(23) Dorlin, *Se défendre*, *op. cit.*, p. 199.〔強調原文〕

(24) *Ibid.*, p. 209. 指摘にとどめるが、ドルランが記述する「自己防衛」の概念は、酒井隆史が『暴力論』(河出書房新社、二〇一六年)で提出した「反暴力」の概念に近いように思われる。初版がイラク戦争の始まった二〇〇三年の翌年に出版された同書において、酒井は、社会的文脈を無視して暴力だけを抽出してそれに反対する非暴力論を不十分なものとし、暴力の拒絶ではなく、社会生活の防衛のために限定的な暴力が使用される場面を認め、その評価基準が必要であることを、反暴力というカテゴリーのもとに主張する。『暴力の哲学』と『自己を守ること』では、参照される歴史的文脈においても重なるところが多い。

(25) *Ibid.*, 2019, p. 9.

(26) *Ibid.*, 2019, p. 15.

(27) Judith Butler, *The Force of Non-Violence: An Ethico-Political Bind*, London and New York, Verso, 2019, p. 15.

（10） Grégoire Chamayou, *La Société ingouvernable: Une généalogie du libéralisme autoritaire*, Paris, La Fabrique, 2018, p. 228-229.『統治不能社会』も明石書店から刊行予定である。

（11） ヘルマン・ヘラー「権威的自由主義？」今井弘道、大野達司訳『北大法学論集』第四〇巻第四号、一九九〇年、二五九〜二七〇頁、二六五〜二六六頁。

（12） 酒井隆史『完全版　自由論――現在性の系譜学』河出書房新社、二〇一九年、五五〇頁。重田園江も、酒井隆史の議論を踏まえながら、『統治不能社会』に触れている。重田園江『フーコーの風向き――近代国家の系譜学』青土社、二〇二〇年、三三四〜三三九頁。

（13） Chamayou, *La Société ingouvernable, op. cit.*, p. 233. 国家の暴力とシカゴ学派、とくにミルトン・フリードマンとの関係については、以下の文献も参照。中山智香子『経済ジェノサイド――フリードマンと世界経済の半世紀』平凡社、二〇一三年。

（14） Chamayou, « 1932, naissance du libéralisme autoritaire », *op. cit.*, p. 59.

（15） 本書八六頁に付された注 153 にドルランの論文の参照が見られる。彼女はシャマユーとともにセクシャリティを主題とした以下の論考を執筆している。Elsa Dorlin et Grégoire Chamayou, « L'objet = X. Nymphomanes et masturbateurs », *Nouvelles Questions Féministes*, Vol. 24, Lausanne, Éditions Antipodes, 2005, pp. 53-66.

（16） Elsa Dorlin (dir.), *Sexe, race, classe, pour une épistémologie de la domination*, Paris, Presses universitaires de France, coll. « Actuel Marx / Confrontation », 2009.

（17） Combahee River Collective, Laura Alexandra Harris, Bell Hooks, Hazel Carby, Audrey Lorde, Barbara Smith, Kimberly Springer, Patricia Hill Collins, Beverly Guy-Sheftall, Michele Wallace, *Black feminism - Anthologie du féminisme africain-américain, 1975-2000*, textes choisis et présentés par Elsa Dorlin, Paris, L'Harmattan, coll. « Bibliothèque du féminisme », 2008.

（18） Elsa Dorlin, *La matrice de la race – Généalogie sexuelle et coloniale de la Nation française*, Paris, La Découverte, 2009.

（19） Elsa Dorlin, « Se défendre. Une philosophie de la violence », Radio Grenouille (Radio Campus France), le 16 octobre, 2017.［以下のＵＲＬで聴くことができる。https://soundcloud.com/radiocampus/podcast-elsa-dorlin-se-defendre-une-philosophie-de-la-violence-radio-grenouille〔最終アクセス日二〇二一年八月四日〕］

（20） Elsa Dorlin, *Se défendre – une philosophie de la violence*, Paris, La Découverte, 2019, p. 192.

## 訳者解題 注

（1）加納由紀子「訳者あとがき　フーコーの時代」、グレゴワール・シャマユー『人体実験の哲学――「卑しい体」がつくる医学、技術、権力の歴史』加納由紀子訳、明石書店、二〇一八年、四五九〜四六八頁。渡名喜庸哲「訳者解題　〈無人化〉時代の倫理に向けて」、グレゴワール・シャマユー『ドローンの哲学――遠隔テクノロジーと〈無人化〉する戦争』渡名喜庸哲訳、明石書店、二〇一八年、二六三〜二八七頁。

（2）シャマユー『人体実験の哲学』前掲書、二五頁。

（3）シャマユー『ドローンの哲学』前掲書、六七頁。

（4）Grégoire Chamayou, « Le jeu le plus dangereux », *Critique*, Paris, Minuit, n° 747-748, pp. 716-727, p. 718.

（5）『政治学』の全体像を描くなかで、この問題に正面から取り組んでいる以下の解説論考から、本稿は多くの示唆を得た。中畑正志「『政治学』解説」『新版アリストテレス全集 17――政治学／家政論』神崎繁、相澤康隆、瀬口昌久訳、岩波書店、二〇一八年、五一九〜五六八頁、とりわけ五三七〜五三九頁。

（6）第 11 章でシャマユーが触れるフーコーの生政治とレイシズムの関係については、以下も参照。佐藤嘉幸「生権力／生政治とは何か――レイシズム、自由主義、新自由主義」小泉義之、立木康介編『フーコー研究』岩波書店、二〇二一年、三五六〜三七一頁。

（7）講義録以外の司牧権力に関するフーコー自らの手によるテクストとして、死後出版された『肉の告白』（慎改康之訳、新潮社、二〇二〇年）によって完結したとされる四巻にわたる『性の歴史』およびフーコーの発言や論考による集成から以下の二点だけを挙げておく。ミシェル・フーコー「『統治性』」石田英敬訳、小林康夫、石田英敬、松浦寿輝編『フーコー・コレクション 6』筑摩書房、二〇〇六年、二三八〜二七七頁。ミシェル・フーコー「全体的なものと個的なもの――政治的理性批判に向けて」北山晴一訳『フーコー・コレクション 6』前掲書、三〇三〜三六一頁。

（8）以上のフーコーの議論に内在した統治概念の研究については、以下を参照。箱田徹『フーコーの闘争――〈統治する主体〉の誕生』慶應義塾大学出版会、二〇一三年。

（9）Grégoire Chamayou, « 1932, naissance du libéralisme autoritaire » in Carl Schmitt, Herman Heller, *Du libéralisme autoritaire*, trad. de l'allemand par Grégoire Chamayou, Paris, La Découverte, coll. « Zones », 2020, pp. 77-78.

355 Site du Premier ministre, communiqué du 9 juillet 2007.

356 Préfecture des Hauts de Seine, Direction de la population et de la citoyenneté, *Note aux agents des sections Accueil (guichets pré-accueil) et Contrôle (cellule et régularisation)*, 28 février 2008.

357 Interview d'Eric Besson par Thomas Legrand, France Inter, le 16 octobre 2009.

358 René Girard, *La Violence et le Sacré*, Grasset, Paris, 1972, p. 23.〔『暴力と聖なるもの（新装版）』古田幸男訳、法政大学出版局、二〇一二年、六頁〕

359 Gaël De Santis, *L'Humanité*, 11 janvier 2010.

342 Emmanuel Terray, « Quand on veut interpeller des indésirables, il faut aller les chercher là où ils sont. » http://www.ldh-toulon.net/spip.php?article2279〔現在はリンクが切れている〕

343 Carine Fouteau, « Un escorteur de la PAF raconte la violence ordinaire des expulsions forcées », *Mediapart*, 12 octobre 2009, https://www.mediapart.fr/journal/france/071009/un-escorteur-de-la-paf-raconte-la-violence-ordinaire-des-expulsions-forcees

344 Marcel Mauss, *Manuel d'ethnographie*, Payot, Paris, 1967, p. 58.

345 Carine Fouteau, *op. cit.*

346 Jean-Marc Manach, « Les "Doigts brûlés" de Calais », *La Valise diplomatique*, vendredi 25 septembre 2009, www.monde-diplomatique.fr/carnet/2009-09-25-Calais

347 Marie Vermillard, « La Mort d'un homme », *Le Monde*, 7 avril 2008.

348 Lina Sankari, « Des sans-papiers raflés aux Restos du Cœur », *L'Humanité*, 23 octobre 2009.

349 « À Belleville, travaux pratiques policiers devant les écoliers », *Libération*, 23 mars 2007.

350 Cimade, « Centres et locaux de rétention administrative – Rapport 2005 », *Les hors-séries de Causes Communes*, décembre 2006.

351 Cf. Emmanuel Blanchard, « Ce que rafler veut dire », *Plein droit*, 81, juillet 2009, p. 4.

352 エマニュエル・ブランシャールが念を押して述べているように、フランスにおいて、警察の対独協力は、それ以前の行動と根本的に異なるものであった。「行政拘束は、一九四〇年代以前にも存在したが、ユダヤ人が対象の場合、民族絶滅を目指す政治の推進に寄与した。（中略）「春の風」作戦により、パリ地域だけでも、ユダヤ人一万三〇〇〇名が逮捕された。彼らは一五区に、そして冬季自転車競技場《ヴェロドローム・ディヴェール》に、さらにはドランシー収容所にて収容され、最終的には大量殺戮のための強制収容所に移送された。一九四二年夏に用いられた警察の技術は、いわゆる一斉検挙とは別物である。これは、事前に作成された資料を使っておこなわれる、自宅での逮捕である。警察のとった、フランスの歴史上他に類例のないこの作戦は、一九六〇年代以降になって初めて、「ヴェル・ディヴの一斉検挙」という名で広く知られるようになった」。Emmanuel Blanchard, *op. cit.*, p. 5-6.

353 Laurent Decotte, « Fin de la "jungle" de Calais : évacuation et communication », *La Voix du Nord*, mercredi 23 septembre 2009.

354 Karl Laske, « Un enfant sans papiers fuit la police et chute du 4e étage », *Libération*, 10 juillet 2007.

328 不法状態化の概念は、ニコラス・デ＝ジェノヴァによって作り上げられた。Cf. Nicholas P. De Genova, « Migrant « Illegality » and Deportability in Everyday Life », *Annual Review of Anthropology*, Vol. 31, (2002), pp. 419-447.

329 Karine Michelet, *Les droits sociaux des étrangers, L'Harmattan*, 2002.

330 中世における領土主権の原理は、「領土に存在するものはすべて領土に属する（quidquid est in territorio est de territorio）」という決まり文句にしたがって表明されていた。この原則は、統治者が全土並びに、その地に存在するものすべてを支配するという意味であった。また、同原理は、難民の保護についての原則を作りつつ、自由に解釈された。「領土に存在するものはすべて領土に属する。外国人は、居住地の法に従属し、同法を遵守しなければならないので、同法の保護を受け、同法から得られる特権を享受しなければならない」。Ivan Golovin, *Esprit de l'économie politique*, Didot, Paris, 1843, p. 382. Cf. aussi Hannah Arendt, *Les Origines du totalitarisme – L'impérialisme, op. cit.*, p. 578.〔『全体主義の起原２』前掲書、二八九〜二九〇頁〕

331 Article L622-1 du Code de l'entrée et du séjour des étrangers et du droit d'asile.

332 *La lettre d'Act Up-Paris*, n° 116, Février 2009.

333 Amnesty International, *Vivre dans l'ombre. Les droits des migrants*, décembre 2006.

334 https://www.usc.edu/libraries/archives/ethnicstudies/historicdocs/prop187.txt〔現在はリンクが切れている。「提案一八七」の原文は以下から閲覧可能。https://ballotpedia.org/California_Pr oposition_187,_Illegal_Aliens_Ineligible_for_Public_Benefits_(1994)〕

335 Nicholas De Genova, *Working the boundaries : race, space, and « illegality » in Mexican Chicago*, Duke University Press, Durham, 2005, p. 234.

336 Nicholas P. De Genova, « Migrant « Illegality » and Deportability in Everyday Life », *op. cit.*, p. 429.

337 Judith Butler, Gayatri Chakravorty Spivak, *L'État Global*, Payot, Paris, 2007, p. 42.〔『国家を歌うのは誰か？ ―― グローバル・ステイトにおける言語・政治・帰属』竹村和子訳、岩波書店、二〇〇八年、二八頁〕

338 *Ibid.*, p. 43.〔『国家を歌うのは誰か？』前掲書、二九頁〕

339 Karl Marx, *La Sainte Famille, in Œuvres philosophiques*, Bibliothèque de la Pléiade, Gallimard, Paris, 1982, p. 555.〔「聖家族」『マルクス＝エンゲルス全集　第２巻』石堂清倫訳、大月書店、一九六〇年、一二二頁〕

340 « M. Guillemot : « cette insécurité est nécessaire », *Kashkazi*, n° 44, 15 juin 2006, p. 9.

341 Appel « Personne n'est illégal ».

〔『社会は防衛しなければならない —— コレージュ・ド・フランス講義 1975-1976 年度』石田英敬、小野正嗣訳、筑摩書房、二〇〇七年、二五三〜二五四頁〕

317 Adolf Hitler, *Monologe im Führer-Hauptquartier 1941-1944*, A. Knaus, Hamburg, 1980, p. 148.

318 ババ・トラオレは、マルヌ県ジョワンヴィル゠ル゠ポンで溺れ、二〇〇八年四月四日に死亡した。

319 デリダは、カインが標的である「この人間狩りにパラドクスが存在する」と主張しつつ、この引用部分に以下のような注解を施した。「カインは、罠に落ちてアベルを殺した後、恥ずかしさのあまりわが身を覆い隠し、逃げ、さまよい、追い払われ、今度は自分が獣のように追い詰められる。この人獣に、そのとき神は庇護と復讐を約束する」。Jacques Derrida, *L'animal que donc je suis*, Galilée, Paris, 2006, p. 68.〔『動物を追う、ゆえに私は（動物で）ある』鵜飼哲訳、筑摩書房、二〇一四年、八六頁〕

320 Theodoret, *Quaestiones in Genesim*, XLII, cité par Monique Alexandre, *Le Commencement du Livre. Genèse I-V, la version grecque de la Septante et sa réception*, Beauchesne, Paris, 1988, p. 363.

321 Hannah Arendt, *Les Origines du totalitarisme – L'impérialisme*, Gallimard, Paris, 2002, note 56, p. 607.〔『全体主義の起原２ —— 帝国主義（新版）』大島通義、大島かおり訳、みすず書房、二〇一七年、三七六頁、原註（四四）〕

322 *Ibid.*〔『全体主義の起原２』前掲書、三二八頁〕

323 以上は、法の論理からしてみれば、不意を突く意見である。「法律家は、実際いくつかの権利を我々からつねに奪う懲罰の観点から法を考えることに慣れすぎているので、合法的な地位の剝奪、すなわちあらゆる権利の喪失が、特定の罪と以後無関係になることを認めるのが、一般の人々より困難になる恐れがある」。*Ibid.*, p. 597.〔『全体主義の起原２』前掲書、三一二〜三一三頁〕

324 「国民国家は、国民政府によって保護されなくなった人々に対して法を与えることができないので、この問題を警察の手に委ねた。警察が独断で行動し人々を直接管理するための十全な権限を得たのは、西ヨーロッパにおいて初めてのことであった」。*Ibid.*, p. 587.〔『全体主義の起原２』前掲書、三〇〇頁〕

325 *Ibid.*, p. 599.〔『全体主義の起原２』前掲書、三一六頁〕

326 *Ibid.*, p. 606.〔『全体主義の起原２』前掲書、三二六頁〕

327 Hannah Arendt, « Nous autres réfugiés », in *La tradition cachée*, Bourgois, Paris, 1976, pp. 57-77, p. 74.〔『パーリアとしてのユダヤ人』寺島俊穂、藤原隆裕宜訳、未來社、一九八九年、二八頁〕

301 Bernard Lazare, *L'Antisémitisme : son histoire et ses causes*, J. Crès, Paris, 1934, p. 39.

302 Helmut Berding, *Histoire de l'antisémitisme en Allemagne*, Éditions MSH, Paris, 1991, p. 62.

303 *Ibid.*, p. 60.

304 *Ibid.*, p. 61.

305 Abraham Léon, *Conception matérialiste de la question juive*, Éditions « Pionniers », Paris, 1946, p. 145.〔『ユダヤ人問題の史的展開 —— シオニズムか社会主義か』湯浅赳男訳、柘植書房、一九七三年、一九六頁〕

306 Édouard Drumont, *La France juive*, C. Marpon & F. Flammarion, Paris, 1887, p. 60.

307 *Ibid.*, pp. 83-85.

308 *Ibid.*, p. 85.

309 Louis-Ferdinand Céline, *Bagatelles pour un massacre : texte intégral*, Denoël, Paris, 1937, p. 156.〔『セリーヌの作品　第１０巻 —— 虫けらどもをひねりつぶせ：評論』片山正樹訳、国書刊行会、二〇〇三年、二八五頁〕

310 *Ibid.*, p. 156.〔『セリーヌの作品　第 10 巻』前掲書、二八六頁〕原初の人種が歴史的に途絶えることなく存在しつづけるという馬鹿げた考えを根拠とする、この種の国民神話に対して、ベルナール・ラザールはこう応じた。「ガリア人の存在を受け入れよ。そうすれば、我々は「ガリアはガリア人の手に」と叫ぶだろう。であれば、ラテン民族、フランク族、西ゴート族、スエビ族、アレマン族はどうなるのだ。彼らが卑しい征服者なら、かつてのガリア人は、決起して彼らをガリアから追い出さなければならなかっただろう。不幸にも、かつてのガリア人は、誰も彼らを再び見つけ出せないほどに、他民族と混交し、ユダヤ人とさえも混ざり合った」。Bernard Lazare, *Juifs et antisémites, op. cit.*, p. 25.

311 Bernard Goldstein, *L'Ultime Combat, nos années au ghetto de Varsovie*, Zones, Paris, 2008, p. 67.

312 *Ibid.*, p. 68.

313 J. Ernest-Charles, « La presse et les préoccupations nationales », *Revue bleue*, 1863, quatrième série, Tome XIV, 378-380, p. 379.

314 Jacques Bouveresse, « Kraus, Spengler & le déclin de l'Occident », in *Essais II. L'époque, la mode, la morale, la satire*, Marseille, Agone (« Banc d'essais »), 2001, p. 32 sq.

315 « Hermann Göring als Privatmann bei der Jagd », Dokumentationsarchiv des Österreichischen Widerstandes. Inventarnummer : 9782.

316 Michel Foucault, « *Il faut défendre la société* », Gallimard/Seuil, Paris, 1997, p. 227.

三〇〇～四〇〇名の一団を形成し、この人物を拘束して、警視のところへ引っ張っていった」。*L'Ami de la religion*, 11 avril 1848, p. 107.

286 « Correspondance », *op. cit.*, p. 119.

287 *Ibid.*

288 *Ibid.*

289 Bernard Lazare, *Juifs et antisémites*, Allia, Paris, 1992, p. 77.

290 Marc Boegner, *L'Exigence œcuménique : souvenirs et perspectives*, Albin Michel, Paris, 1968, p. 154.

291 「小さな羊飼い」を意味する名のパストゥロー家は、農民で、一三～一四世紀に聖地解放を目的に掲げる民衆運動を展開した。

292 Alexandre Du Mège, *Histoire générale de Languedoc*, Paya, Toulouse, 1844, tome VII, p. 70.

293 彼は、強制的に洗礼を受けた後、異端審問にかけられる。この証言は尋問調書からの抜粋である。Cf. Jean Duvernoy, (éd. et trad.), *Le Registre d'inquisition de Jacques Fournier, évêque de Pamiers (1318-1325)*, Paris-La Haye, Mouton, 1978, Vol. I, p. 224.

294 Gravure de H. Merian, 1642, tirée de J. L. Gottfried, *Historische Chronica*, Frankfurt, 1642, p. 1142.

295 Gravure de Johann Michael Voltz.「ヘップ！　ヘップ！〔Hep! hep!〕」とは、反ユダヤ主義暴動参加者が大声で一斉に叫んだ言葉であった。その語源は十字軍にさかのぼり、hep は « Hierusalem Est Perdita »〔イェルサレムは陥落した〕というラテン語の文言の頭字語だといわれるが、根拠はない。よりもっともらしいのは、ドイツ語の « Hebe! heb! »〔この人を捕まえて！　この人を捕らえて！〕がなまったものという解釈である。「ヘップ・ヘップ」暴動は、ヴュルツブルクからコペンハーゲンおよびアムステルダムに至るまで、ヨーロッパで一八一九年に猛威を振るう。

296 Hannah Arendt, *Les Origines du totalitarisme – L'Antisémitisme*, Gallimard, Paris, 2002, p. 224.〔『全体主義の起原 1 ―― 反ユダヤ主義（新版）』大久保和郎訳、みすず書房、二〇一七年、一二頁〕

297 Alexandre Du Mège, *op. cit.*, p. 70.

298 Nirenberg, *Communities of violence: persecution of minorities in the Middle Ages*, Princeton University Press, Princeton, 1998, p. 48.

299 *Ibid.*, p. 50.

300 Jules Michelet, *Histoire de France*, Chamerot, Paris, 1861, Tome III, p. 96.

行為は、二つ目の戦略 —— 支配に基づく体制において民族的かつ社会的に優位な階級の特権を明確化し直す暴力的な運動 —— の特徴を示している。

275 Cité par Michel-Louis Rouquette, *La Chasse à l'immigré : violence, mémoire et représentations*, Mardaga, Sprimont, 1997, p. 32.

276 *Ibid.*, p. 22.

277 Maurice Barrès, *Contre les étrangers. Étude pour la protection des ouvriers français*, Grande imprimerie parisienne, Paris, 1893.

278 Maurice Barrès, *Scènes et doctrines du nationalisme*, Plon-Nourrit, Paris, 1925, Tome II, p. 161.

279 *Ibid.*, p. 164.

280 Frédéric Bastiat, *Mélanges d'économie politique*, Méline, Cans, et cie, Bruxelles, 1851, Tome I, p. 152. この論争の歴史については、以下の非常に優れた論文を見よ。Pierre-Jacques Derainne, « Migrations de travail, conflits et sociabilités : l'exemple des ouvriers allemands en France sous la monarchie de Juillet et la seconde République », *Deutsche Handwerker, Arbeiter und Dienstmädchen in Paris. Eine vergessene migration im 19. Jahrhundert*, Oldenbourg, 2003, p. 121-142.

281 したがって、平等は自由で不正のない競争の別名となった。マルクスは、次のようにこのパラドクスを語った。「全世界的な状態での搾取を普遍的友愛という名称で呼ぶようなことは、これこそブルジョアジーの胸中でなければ発生しえなかった考えだ」、と。« Discours sur le libre-échangisme » (1848), *Œuvres 1*, Gallimard, Paris, 2007, p. 154.〔『マルクス＝エンゲルス全集　第４巻』大内兵衛、細川嘉六監訳、大月書店、一九六〇年、四七〇頁〕

282 ピエール＝ジャック・ドゥレーヌが示しているように、実際、「雇用の面で自国民を優遇するという現代の主張が、フランスで生み出されるようになり、労働者およびブルジョアジーのあいだで広まり始めるのは七月王政期と第二共和政期である」。Pierre-Jacques Derainne, *op. cit.*, p. 141.

283 « Sur la liberté des échanges – A Monsieur Frédéric Bastiat », *L'Atelier : organe spécial de la classe laborieuse*, octobre 1846, 387-389, p. 388.

284 *Ibid.*

285 何人かの外国人労働者は作業場から追い出された。排外主義による騒乱を起こそうとする政治集団もあった。一八四八年四月のある土曜日、張り紙によって公共集会に招待されたパリの労働者は、「ある人物が、旗を掲げた後、フランスからすべての外国人労働者を追い出すよう呼びかける激しい宣言文を自分たちに向かって読み上げるのを目撃した。このような提案に憤激した労働者は、

263 Frederick Douglass, « The lesson of the hour » (1894), in David B. Chesebrough, *Frederick Douglass : Oratory from Slavery*, Greenwood Press, Westport, 1988, 134-143, p. 141.

264 *Ibid.*, p. 134.

265 男の暴力を人種的に劣等とされた男が独占しているとみなすこのイデオロギーは、フェミニストの権利要求が高まりを見せた頃にさえ、市民権の獲得が白人女性にとっての戦いか、黒人にとっての戦いかで運動を二分する強力な道具も提供した。

266 Robyn Wiegman, « The Anatomies of Lynching », *Journal of the History of Sexuality*, 3-3, January 1993, 445-467, p.461.

267 Cf. Richard Maxwell Brown, *Strain of violence : historical studies of American violence and vigilantism*, Oxford University Press, New York, 1975, p. 151.

268 Cité par Hadley Cantril, *The psychology of social movements*, Transaction publishers, New Brunswick, 2012, p. 115.

269 Oliver C. Cox, *Caste, class, & race : a study in social dynamics*, Monthly review press, New York, 1959, p. 558.

270 « Correspondance », *L'Atelier, organe spécial des ouvriers*, 12 avril 1848, p. 119.

271 *Le Petit Méridional*, 18 août 1893.

272 Témoignage publié dans *Il Secolo*, XIX, 22-23 août 1893, cité par Enzo Barnabà, *Le Sang des marais, Aigues-Mortes 17 août 1893, une tragédie de l'immigration italienne*, Via Valeriano, Marseille, 1993.

273 Napoleone Colajanni, *Una questione ardente, la concorrenza del lavoro*, Biblioteca delle rivista popolare, Rome, 1893, cité par Enzo Barnabà, *op. cit.*

274 これは、経済学者エドナ・ボナチッチのいう「分裂労働市場 (marché du travail éclaté)」という状況下で起こる。ここでは、同じ仕事に対する人件費に関して、二集団の労働力のあいだに差があり、また、これらの集団が出自で分かれている場合、両者の競合が民族的な憎しみを伴って現出しうる。人件費の最も高い労働者集団がとり得る戦略の一つは、排除である。つまり、「低コストの労働力が職住近接地域に居住しないようにする」ことである。Edna Bonacich, « A Theory of Ethnic Antagonism : The Split Labor Market », *American Sociological Review*, Vol. 37, No. 5., Oct., 1972, 547-559, p. 555. 第二の戦略は、優位な階級の特権維持である。好ましからざる人々を狩ることは、第一の戦略 —— 競争に基づく体制においてそういった人々を雇用から締め出して追放する暴力的な運動 —— に一致するが、他方、前章で述べたような追い立てたうえでのリンチ

Champion, Paris, 1925, p. 232.)。植民地戦争と国内弾圧の凶暴性とのあいだのこういった関係を、アナーキストのエミール・プージェは政治的連帯に基づいて立証し、その後トンキン〔現ハノイ〕におけるフランスの暴力を非難した。「おまえたちは誰だ。どこから来たのか。汚れたものたちよ。最近生まれたというわけではないだろうに。私はおまえたちを見たことがある。一八年前のことだ。あのときと同じ面をしているな。つまり、おまえたちはヴェルサイユにとどまりつづけたわけだ！　おまえたちがコミューン派の人々を虐待しやがったときに見せた虎猫のような凶暴さでもって、今トンキンの人々を汚いやり口でやり込めようとしているのだ」。Émile Pouget, « Barbarie française », *Le Père peinard*, n° 45, 12 janvier 1890.

252 Louis Ménard, *Prologue d'une révolution : février-juin 1848*, La Fabrique, Paris, 2007, p. 154. このとき、〔歴史家〕レオナール・ガリアは、〔スパルタの兵士教育の最終段階で奴隷民ヘイロタイを殺して訓練をおこなう〕クリュプティア〔本書第１章参照〕のことを想起した。「この執念深い男たちは、生命力にあふれ、激しい欲望の虜になる。彼らのなかに見られるのは、獲物袋と二連式のライフルを携え、貧民狩りの悦楽に身を委ねる愛好者たちの姿である」。Léonard Gallois, *Histoire de la révolution de 1848*, Naud, Paris, 1851, Tome II, p. 19.

253 Walter Benjamin, *Das Passagen-Werk*, p. 951, Suhrkamp, Frankfurt am Main, 1982, p. 951.〔『パサージュ論　第五巻』今村仁司、三島憲一訳、岩波現代文庫、二〇〇三年、一二九頁〕

254 « La chasse à l'homme dans les catacombes », *L'Illustration*, n° 1477, 17 juin 1871.

255 Auguste Scheler, *Dictionnaire d'étymologie française*, Schnée, Bruxelles, 1862, p. 221.

256 « Elias Canetti avec Theodor W. Adorno ». *Revue des sciences humaines*, Université de Lille. Faculté des lettres, n° 229-230, 1993, p. 190.

257 Gilles Deleuze, Cours à Vincennes, 12/02/1973.

258 Elias Canetti, *Masse et Puissance*, Gallimard, Paris, 1986, p. 101.〔『群衆と権力（上）』岩田行一訳、法政大学出版局、一九七一年、一三四頁〕

259 *Ibid.*〔『群衆と権力（上）』前掲書、一三五頁〕

260 Howard Kester, « The lynching of Claude Neal », cité par McKay Jenkins, *The South in Black and white : race, sex, and literature in the 1940s*, University of North Carolina Press, Chapel Hill, 1999, p. 49.

261 *Ibid.*, p. 50.

262 Gustave Le Bon, *Psychologie des foules*, PUF, Paris, 1947, p. 39.〔『群衆心理』櫻井成夫訳、講談社学術文庫、一九九三年、六九頁〕

242 Almire Lepelletier de la Sarthe, *Système pénitentiaire complet*, Guillaumin, Paris, 1857, p. 472.

243 *Ibid.*, p. 473.

244 Emile Zola, *Les Trois Villes*, Gallimard, Paris, 2002, p. 245.〔『パリ（上）』竹中のぞみ訳、白水社、二〇一〇年、二四五頁〕

245 Cf. John, McQuilton, *The Kelly outbreak, 1878-1880: the geographical dimension of social banditry*, Melbourne University Press, Carlton, 1979. このオーストラリアの美しい物語について教えてくれたオード・フォーヴェルには、この場を借りて御礼を申し上げたい。

246 たとえば、カエサルに帰すべき名誉を拒否したり、その命を奪おうとする者が公敵とみなされた。元々は「公敵とみなされた者は、領内の敵、皇帝の権力に対する脅威を表す、または表していた、敵対者以外の何物でもあり得ない」。Anne Daguet- Gagey, « C. Fuluius Plautianus, hostis publicus, Rome 205-208 après J.C. », in Marie-Henriette Quet, *La « crise » de l'Empire romain de Marc Aurèle à Constantin*, PUPS, Paris, 2006, 65-94, p. 77.

247 *Ibid.*, p. 81.

248 Rousseau, *Du contrat social*, Livre II, ch. 5, Garnier, Paris, 1975, p. 257.〔『社会契約論』作田啓一訳、白水社、二〇一〇年、五五頁〕

249 Elliott J. Gorn, *Dillinger's Wild Ride: The Year That Made America's Public Enemy Number One*, Oxford University Press, New York, 2009, p. 153.

250 Claire Bond Potter, *War on crime: bandits, G-men, and the politics of mass culture*, Rutgers University Press, New Brunswick, 1998, p. 139.

251 一九世紀のフランスでは、労働者の反乱を抑圧した将軍のほとんど全員が、アフリカで軍役に就いていたことがあるのは偶然だろうか。パリ・コミューンの弾圧者であるガストン・ド・ガリフェ将軍は、〔一八四八年六月の〕ブジョーの労働者反乱を流血のうちに鎮圧したウジェーヌ・カヴェニャック将軍と同様に、アルジェリアで戦った経験をもつ。〔一八三四年四月一四日に発生した民衆叛乱に対する弾圧である〕トランスノナン通りでの虐殺に結びつけて語られるトマ＝ロベール・ブジョーは、一八四八年のパリにおいても活発に活動していたが、焦土作戦を主導したアフリカの将軍の一人でもあった。一八四五年六月一一日にブジョーは、〔後に元帥となる〕エマブル・ペリシエ中佐に以下のように書き送っている。「悪党らが洞窟に引き篭もった場合は、カヴェニャックがスベハ族に対しておこなった遣り口を真似よ、キツネを相手にするように徹底的に燻しだすのだ」（Charles Tailliart, *L'Algérie dans la littérature française*, E.

224 次の著作からの引用である。Alphonse Jobez, *La France sous Louis XV*, Didier et cie, Paris, 1873, p. 262.

225 Louis Andrieux, *Souvenirs d'un préfet de police*, J. Rouff, Paris, 1885, Tome I, p. 65.

226 Yves Guyot, *La Police*, Charpentier, Paris, 1884, p. 275.

227 Michel Foucault, *Dits et écrits : 1954-1988, Tome II*, 1970-1975, Gallimard, Paris, 1994, p. 317.〔『ミシェル・フーコー思考集成４ ―― 規範・社会 1971-1973』小林康夫、石田英敬、松浦寿輝編、一九九九年、二七一～二七二頁〕

228 Honoré de Balzac, *Scènes de la vie politique-Le député d'Arcis*, Bourdilliat, Paris, 1859, p. 286.

229 Leopold von Sacher-Masoch, *La pêcheuse d'âmes*, Champ Vallon, Seyssel, 1991, p. 259.〔『ドラゴミラ ―― 魂を漁る女』藤川芳朗訳、同学社、一九九八年、三七八頁〕

230 Paul Viller, « Le Chien, gardien de la société », *Je sais tout*, n° 33, oct. 1907, 361-368, p. 368.

231 « La Police et les voleurs de Londres », *Revue britannique*, Bruxelles, 1856, Tome II, 257- 276, p. 265.

232 Alphonse Bertillon, *Identification anthropométrique : instructions signalétiques*, Imprimerie administrative, Paris, 1893, p. VII.

233 *Ibid.*

234 « Sans casque, ni bouclier : témoignage d'un ex-officier de police » http://regardeavue.com/index.php/2006/05/21/10-sans-casque-ni-bouclier-temoignage-dun-ex-officier-de-police

235 Balzac, La *Comédie humaine. Études de mœurs. Scènes de la vie politique*, Furne, Paris, Vol. 12, 1846, p. 298.

236 Maxime Du Camp, *Paris, ses organes, ses fonctions et sa vie dans la seconde moitié du XIXe siècle*, Hachette, Paris, 1879, p. 100.

237 Eugène-François Vidocq, *Mémoires de Vidocq, chef de la police de sûreté jusqu'en 1827*, Huillery, Paris, 1868, p. 5.

238 *Ibid.*, p. 267.

239 *Discussion du projet de loi sur les prisons à la Chambre des députés*, Au bureau de la revue pénitentiaire, Paris, 1844, p. 632.

240 *La Presse, 26 août 1836, cité par Louis Moreau-Christophe, Défense du projet de loi sur les prisons*, Au bureau de la revue pénitentiaires, Paris, 1844, p. 40.

241 *Ibid.*

は、不快であるだけでなく、垢や泥と生まれながら親和性がある彼らの境遇に見合ったものとされていた。つまり下水渠の掃除、糞便の収集、要塞の建設作業だった。一五八六年、パリの貧民救済委員会の規則が定めるところによると、彼らは「都市の汚物や塵埃を掃除するために雇用されることになる（中略）これは、パリから矯正しがたい無為の徒や貧民すべてを狩り出し、彼らに同市から退去する機会を与えるために必要不可欠なことである」*ibid.*, p. 266.

206 Antoine Furetière, *Les Mots obsolètes*, Zulma, Paris, 1998, p. 71.

207 François Naville, *De la charité légale, de ses effets, de ses causes*, Dufart, Paris, 1836, Tome II, p. 25.

208 Michel Foucault, *op. cit.*, p. 79.〔『狂気の歴史』前掲書、八三頁〕

209 ここで異邦（Étranger）とは、国ではなく地方や都市外部を指す。

210 *Mémoires de l'Académie des sciences, arts et belles-lettres de Dijon*, Frantin, Dijon, 1832, p. 56.

211 Jules Loiseleur, *Les Crimes et les Peines dans l'Antiquité et dans les temps modernes*, Hachette, Paris, 1863, p. 253.

212 André Zysberg, « Les galères de France sous le règne de Louis XIV. Essai de comptabilité globale », in Martine Acerra, José Merino, Jean Meyer, *Les Marines de guerre européennes : XVII^e-XVIII^e siècles*, Presses de l'Université de Paris-Sorbonne, Paris, 1998, 415-444, p. 430.

213 Jules Loiseleur, *op. cit.*, p. 252.

214 François Naville, *op. cit.*, p. 9.

215 Emmanuel Le Roy Ladurie, *Les Paysans de Languedoc*, Éditions de l'École des hautes études en sciences sociales, Paris, 1966, p. 94.

216 Christian Paultre, *op. cit.*, p. 195.

217 *Ibid.*, 266.

218 Alban Villeneuve-Bargemon, *Économie politique chrétienne, ou Recherche sur la nature et les causes du paupérisme*, Méline, Cans et cie, Bruxelles, 1837, p. 371.

219 Alexandre Monnier, *Histoire de l'assistance publique dans les temps anciens et modernes*, Guillaumin, Paris, 1866, p. 522.

220 Alexandre Dumas, *Parisiens et provinciaux*, Lévy, Paris, 1868, Tome I, p. 286.

221 J. H. Rosny, *L'Impérieuse bonté : roman contemporain*, Plon-Nourrit, Paris, 1894, p. 212.

222 « Charité » in Jean Baptiste Glaire, Joseph-Alexis Walsh (éd.), *Encyclopédie catholique*, Tome VI, Parent-Desbarres, Paris, 1843, p. 503.

223 Michel Foucault, *op. cit.*, p. 63.〔『狂気の歴史』前掲書、八二頁〕

1865, p. 212.

192 *Mémoire autographe du général Ramel sur l'expédition de Saint-Domingue, cité par Victor Schœlcher, Vie de Toussaint Louverture*, Karthala, Paris, 1982, p. 373.

193 Elias Regnault, *op. cit.*, p. 69.

194 リチャード・コネルの同名の短編小説が原作となっているこの映画は、一九三二年に制作会社R.K.O.でアーヴィング・ピシェルとアーネスト・B・ショサックという二人の監督によって撮影された。タイトルは、英語の「ゲーム」に込められた遊戯と獲物という二重の意味を使った言葉遊びになっている。

195 ディドロのものとされているこの表現が最初に登場したのは、以下の著者の書物においてである。Guillaume Raynal, *Histoire philosophique et politique des établissements & du commerce des Européens dans les deux Indes*, La Haye, 1774, tome IV, p. 227.

196 デヴィッド・A・プライアによって一九八八年に制作された。

197 Bakounine, « Statuts secrets de l'Alliance : Programme et objet de l'organisation révolutionnaire des Frères internationaux » (automne 1868), in Daniel Guérin, *Ni Dieu ni maître : anthologie historique du mouvement anarchiste*, La Cité Editeur, Lausanne, 1969, p. 229.〔『バクーニン著作集５』外川継男、左近毅編、白水社、一九七四年、二一九頁（ロシア語原版から翻訳された邦訳は、シャマユーがダニエル・ゲランの著作から孫引きをしているフランス語の表現と厳密に一致してはいないことを注記する）〕

198 Voltaire, *Dialogues et anecdotes philosophiques*, Garner frères, Paris, 1955, p. 6.

199 Jules Michelet, *L'Histoire de France*, Hachette, Paris, 1860, Vol XIII, p. 317.〔『フランス史４ —— 17 世紀　ルイ 14 世の世紀』藤原書店、大野一道他訳、二〇一〇年、四五二頁〕

200 Michel Foucault, *Folie et déraison : histoire de la folie à l'âge classique*, Plon, Paris, 1961, p. 80.〔『狂気の歴史 —— 古典主義時代における』田村俶訳、新潮社、一九七五年、八三頁〕

201 Charles Antoine Parmentier, *Archives de Nevers ou Inventaire historique des titres de la ville*, Techner, Paris, 1842, tome I, p. 144.

202 Christian Paultre, *De la répression de la mendicité et du vagabondage en France sous l'ancien régime*, L. Larose & L. Tenin, Paris, 1906, p. 532.

203 *Ibid.*, p. 267.

204 *Ibid.*, p. 532.

205 追放される前に、ルンペンは公共事業に雇われることもあった。その公共事業

Mar., 1978, 229-242, p. 234.

178 Norbert Elias, Eric Dunning, Eric, *Quest for Excitement: Sport and Leisure in the Civilizing Process*, Blackwell, Oxford, 1986, p. 166.〔『スポーツと文明化 ―― 興奮の探求』大平章訳、法政大学出版局、一九九五年、二四〇～二四一頁〕

179 Régis de Trobriand, *Quatre ans de campagnes à l'Armée du Potomac*, Librairie internationale, Paris, 1867, p. 180.

180 *Ibid.*

181 Aimé Césaire, *Discours sur le colonialisme*, Présence Africaine, Paris, 1989, p. 11.〔『帰郷ノート／植民地主義論』砂野幸稔訳、平凡社ライブラリー、二〇〇四年、一二五頁〕

182 Jean-Paul Sartre, *Critique de la raison dialectique*, Gallimard, Paris, 1960, p. 515.〔『弁証法的理性批判　第一巻 ―― 実践的総体の理論 II』竹内芳郎、矢内原伊作訳、人文書院、一九六五年、二〇一頁〕

183 Hobbes, *De la nature humaine*, Vrin, Paris, 1991, p. 45.〔『法の原理 ―― 自然法と政治的な法の原理』高野清弘訳、ちくま学芸文庫、二〇一九年、四一頁〕

184 William L. Andrews, Henry Louis Gates, *op. cit.*, p. 533.

185 Jean Baptiste Le Verrier de La Conterie, *L'École de la chasse aux chiens courants ou Vénerie normande*, Bouchard-Huzard, Paris, 1845, p. 463.

186 Prosper Ève, *Les Esclaves de Bourbon : la mer et la montagne*, Karthala, Paris, 2003, p. 224.

187 Alexander von Humboldt, *Examen critique de l'histoire et de la géographie du nouveau continent*, Paris, Gide, 1837, Tome III, p. 374.

188 Bryan Edwards, *Histoire abrégée des nègres-marrons de la Jamaïque*, cité par la Bibliothèque britannique, Imprimerie de la bibliothèque britannique, Genève, 1804, Tome XXVI, p. 39.

189 *Ibid.*, p. 49.

190 別の文脈では、一九世紀のフランスの読者は、アルジェリアの先住民に対して使用された犬たちの軍功にこのように夢中になることができた。「私は、カビリアのアッチラ王と勇壮な犬に用いられる最も高貴な名前をつけられた、白い雌犬のことを知ることとなった。この大柄な白いグレイハウンドは、敵の首長との白兵戦のさなか脚を一本失い、三本足で歩くことを余儀なくされていた」。Alphonse Toussenel, *L'Esprit des bêtes : vénerie française et zoologie passionnelle*, Librairie sociétaire, Paris, 1847, p. 169.

191 Charles Expilly, *La Traite, l'émigration et la colonisation au Brésil*, Lacroix, Paris,

Alessandro Stella, *D'esclaves à soldats : miliciens et soldats d'origine servile, XIIIe-XXIe siècles*, L'Harmattan, Paris, 2006, p. 88.

170 « Discours de Guadet sur les colonies », séance du 23 mars 1792, Archives parlementaires de 1787 à 1860, 1893, Vol. 40, p. 409.

171 Orlando Patterson, *op. cit.*, p. 101.〔『世界の奴隷制の歴史』前掲書、二二三頁〕

172 「トレーニングの方法は次のとおりである。あらかじめ餌を我慢させた状態に子犬をしておき、黒く塗られたマネキンの腹に肉を、彼らの届くところに置いた。いったん「この新しい食事形態に慣れると」(中略) マネキンがケージのなかで揺れるやいなや、彼はそれをめがけて飛びかかり、引き裂く。(中略) そうしたら、これらの人形の顔をより正確にニグロに近いものに似させる。それを離れたところから動かし、人間のあらゆるすべての動きをそこに刻み込む。それから、飢えた獣が飼われているケージにこの人形を近づける。犬の方は檻へと駆けつけ、被食者を捕まえようとして、猛烈な吠え声を上げる。最後に、犬の怒りと空腹が同じくらい昂まってくるところを見計らって、犬を檻の外へ出す。犬が犠牲者に向かって走っていくと、調教師は犬に容赦なく嚙まれている人形がもがいているように動かすのである」Regnault, *op. cit.*, p. 102.

173 一八四五年一一月六日に掲載された当該の広告は、以下の著作から引用した。Auguste Carlier, *op. cit.*, p. 292. 辛抱強く、俊敏で屈強な並外れた嗅覚を備えたこれらの犬から逃れることは、逃亡奴隷にはほとんど不可能だった。奴隷ウィリアム・W・ブラウンは、彼が捕獲されたときのことを次のように詳述している。「私が森のなかにいたある日、犬たちの吠え声や唸りが聞こえてきた。すると、彼らはあっという間に近づいてきたので、それがベンジャミン・オファロン少佐のブラッドハウンド犬であることがわかった。逃亡奴隷を追跡するために、彼が五、六匹飼っていることを知っていたからだ。それが彼らだと確信するのと同時に、私は自分には逃げるチャンスがないことを悟った」William L. Andrews, Henry Louis Gates, *op. cit.*, p. 280.

174 « The mode of training blood hounds in St. Domingo, and of exercising them by chasseurs », Marcus Rainsford, *An historical account of the black empire of Hayti*, Albion Press, London, 1805, p. 422.

175 Joseph Elzéar Morénas, *Précis historique de la traite des noirs et de l'esclavage colonial*, Didot, Paris, 1828, p. 87.

176 William L. Andrews, Henry Louis Gates, *op. cit.*, p. 696.

177 « It is pleasure in war, but no longer the immediate delight in man hunting » Norbert Elias, « On Transformations of Aggressiveness », *Theory and Society*, Vol. 5, No. 2,

し、「ダグラスによって明かされた死の選択は、奴隷の自殺に関するアーカイヴにおけるデータが確証を与えている」とつけくわえた（*op. cit.*, p. 95.〔前掲書、一二七頁〕）。しかし、ローラ・クリスマンが指摘しているように、そうすることでギルロイは「あまりにも急ぐあまり、死を危険にさらす準備ができているという事実をポジティヴな性向へ、死の欲動へと変えてしまおうとしているように見える」（Laura Chrisman, *Postcolonial contraventions*, Manchester University Press, 2003, p. 83.）。さて、自由に生きるために死の危険を冒すことと、死んで自由になるために死ぬことを選ぶこととのあいだには、決定的な違いがある。それこそが、死を賭けた戦いと自殺を目的にすることの同一視を禁じているのであり、少なくとも、古典的な哲学的区別に従えば、この場合、自分自身が死の主動因となることはないのである。

162 「ニグロたちが言うところの彼らの死体を盗んだという犯罪」について言及するヴィクトル・シュルシェールの表現からの引用である。Victor Schœlcher, *Histoire de l'esclavage pendant les deux dernières années*, Pagnerre, Paris, 1847, p. 447.

163 *Ibid.*, p. 449. シュルシェールは、反論のため日常的に奴隷の逃亡を以下のように時系列に並べた記録を作成した。「一八四六年八月二〇日。三〇人の奴隷がグアドループから脱出した。素晴らしき大胆さ」。*Ibid.*, p. 447.

164 « Marron ou Cimarron », Bory de Saint-Vincent, et alii (éd.), *Dictionnaire classique d'histoire naturelle*, Rey et Gravier, Paris, 1826, Tome 10, p. 193.

165 Amédée Villard, *Histoire de l'esclavage ancien et moderne par A.* Tourmagne, Guillaumin, Paris, 1880, p. 328. 以下も同様に参照のこと。Francisco Estévez, Le *Rancheador : journal d'un chasseur d'esclaves*. Cuba, 1837- 1842, Tallandier, Paris, 2008.

166 キロンボとは、内陸部に立てこもった逃亡奴隷の集団である。Cf. Mário José Maestri Filho, Mário Maestri, Florence Carboni, *L'esclavage au Brésil*, Karthala, Paris, 1991, p. 152.

167 Bory de Saint-Vincent, *op. cit.*, p. 193.

168 広告は『ニューヨーク・デイリー・トリビューン』（New-York Daily Tribune）紙の一八五七年二月二一日号に掲載された。本書では、以下の著作に収録されたものを引用した。 Auguste Carlier, *De l'Esclavage dans ses rapports avec l'union américaine*, Lévy, Paris, 1862, p. 290.

169 一六世紀のペルーでは、ならず者たち〔cuadrilleros〕の半数以上が「逃亡奴隷の捜索と逮捕を仕事の一つとしていた地方警察の出身」であり、（中略）給与の支払いを受けた自由身分の黒人とムラートだった。Carmen Bernard,

ガー・ストライキがあった」。そうしたとき、狩猟隊はネジ式の器具を使い、抵抗者たちに無理やり食事を食べさせることができた」。Junius P Rodriguez (ed), *Encyclopedia of slave resistance and rebellion*, Greenwood Press, Westport, 2007, p. 323.

153 自殺は、反乱奴隷が八方塞がりの状況になるといつも発生した。エルザ・ドルランは、セント＝トーマス島の逃亡奴隷の例を引き合いに出している。「フランス人による果てしのない狩りにより激しい恐怖に囚われ、彼らはみな自殺することを誓った」。そして、その死体は森で発見された。「彼らは同じ格好で並んでいた。みな、手にもったライフルを隣人のこめかみに当てて倒れていたのだ」。

Cf. Elsa Dorlin, « Les Espace-temps des résistances esclaves : des suicidés de Saint-Jean aux marrons de Nanny Town (XVII$^{e}$-XVIII$^{e}$ siècles) », *Tumultes*, n° 27, 2006, 37-54.

154 たとえば以下の文献を参照のこと。Frederick Douglass, *Autobiographies*, Library of America, New York, 1994, p. 324.

155 例として挙げられるのは、ベラ・ルゴーシが主人役を演じたヴィクター・ハルペリンの『ホワイト・ゾンビ』〔一九三二〕、およびジョージ・A・ロメロの『ナイト・オブ・ザ・リビングデッド』〔一九六八〕におけるゾンビ化を免れた黒人の登場人物が、白人ハンターによって虐殺される最後の人間狩りのシーンによる、このモチーフの更新である。生きる屍としての生か逃亡の結果としての死という二者択一は、黒人の意識に根を張っているのだ。

156 スティーブ・セケリーの『ゾンビの復讐』〔一九四三〕。シナリオには二つの配置換えが施されている。そこでは黒人奴隷の役割は白人女性に、奴隷の主人のアメリカ人の役割はジョン・キャラディンが演じたナチスの学者に移された。

157 Orlando Patterson, *Slavery and social death : a comparative study*, Harvard University Press, 1982, p. 98.〔『世界の奴隷制の歴史』奥田暁子訳、明石書店、二〇〇一年、二一九頁〕

158 *Ibid*., p. 98.〔『世界の奴隷制の歴史』前掲書、二一九頁〕

159 Frederick Douglass, *op. cit*., p. 283, この箇所は Paul Gilroy, *L'Atlantique noir: modernité et double conscience*, Kargo, Paris, 2003, p. 94.〔『ブラック・アトランティック――近代性と二重意識』上野俊哉、毛利嘉孝、鈴木慎一郎訳、月曜社、二〇〇六年、一二五～一二六頁〕に引用されている。

160 Paul Gilroy, *op. cit*., p. 91.〔『ブラック・アトランティック』前掲書、一二二頁〕

161 ギルロイは「恐怖と隷従に対する解決策としての死という手段の選択」に言及

〔『ヘーゲルとハイチ —— 普遍史の可能性にむけて』岩崎稔、高橋明史訳、法政大学出版局、二〇一七年〕

140 同様に、他の箇所でも、「王たちは臣民を売ることを非常に重視しており、それゆえ奴隷制は黒人における方がより人間的なものになっている」と断言した後、ヘーゲルは次のように結論づける。「したがって、漸進的な奴隷制の廃止の方が、突然廃止するよりも適切で公正である」。Hegel, *Leçons sur la philosophie de l'histoire, op. cit.*, p. 79.〔『歴史哲学講義（上）』前掲書、一六九頁〕

141 Hegel, *Encyclopédie des sciences philosophiques*, Tome III : *Philosophie de l'esprit*, Vrin, Paris, 1988, p. 535.〔『精神哲学』長谷川宏訳、作品社、二〇〇六年、二四三頁〕

142 Hegel, *Leçons sur la philosophie de l'histoire, op. cit.*, p. 78.〔『歴史哲学講義（上）』前掲書、一六四頁〕

143 「黒人は自然のままの、まったく野蛮で奔放な人間である」*ibid.*, p. 76.〔『歴史哲学講義（上）』前掲書、一六〇頁〕

144 「彼らは、人間がそれ自体で自由であることを知らない。家族への愛は薄く、ほとんど存在しない。息子は両親、姉妹、妻、子供たちを売る。あらゆる倫理的配慮事項に対して、奴隷制が優越して支配するのだ。人間はそれ自体には何ら価値はない。死の軽視について話すことはできないが、彼らには倫理的な目的がないという点において、生命に対する軽視がある。死は彼らにとって何の意味もなさない。彼らはいとも簡単に死んでしまう」Hegel, *Die Philosophie der Geschichte : Vorlesungsmitschrift Heimann (Winter 1830/1831), op. cit.*, p. 69.

145 Hegel, *Leçons sur la philosophie de la religion*, Vrin, Paris, 1972, vol. 2, p. 85.〔『ヘーゲル全集 —— 宗教哲學　中巻の 2』木場深定訳、岩波書店、一九五五年、六九頁〕

146 Ottobah Cugoano, *op. cit.*, p. 89.

147 *The American anti-slavery almanac for 1840*, p. 13.

148 Condorcet, *Œuvres*, Didot, Paris, 1847, tome VII, p. 89.

149 Gomes Eanes de Zurara, *Chronique de Guinée*, IFAN, Dakar, 1960, p. 99.

150 « L'animal, pour moi, est un être fondamentalement aux aguets », Gilles Deleuze, *L'Abécédaire* – A : Animal.

151 « The Interesting Narrative of the Life of Olaudah Equiano », in William L. Andrews, Henry Louis Gates (ed.), *Slave narratives*, Library of America, New York, 2000, p. 68. エキアーノはここでイギリス人作家ジョン・デンハム〔John Denham, 1614-1669〕の詩「クーパーの丘」〔Cooper's Hill〕から二行引用している。

152 Ottobah Cugoano, *op. cit.*,p. 32. 集団的反乱が不可能なとき、「個人的抵抗は通常は自殺のかたちをとった。（中略）最も流布していた方法の一つとしてハン

127 Jules Barthélemy-Saint-Hilaire dans son commentaire à la *Politique* d'Aristote, Imprimerie Royale, Paris, 1837, Tome I, p. 17.

128 «Nègres», *Nouveau dictionnaire d'histoire naturelle*, Paris 1818, Tome XXIII, p. 436.

129 Cité par Charles Levasseur, *op. cit*., p. 82.

130 Voltaire, *Essai sur les mœurs et l'esprit des nations*, Bordas, Paris, 1990, Vol. 2, p. 805.

131 *Ibid*., p. 805.

132 *Ibid*., p. 805.

133 Hegel, *Principes de la philosophie du droit*, § 57, add., Vrin, Paris, 1991, p. 111.〔『法の哲学 —— 自然法と国家学』高峯一愚訳、論創社、一九八三年、六九頁〕

134 しかしながら、これはヘーゲルが奴隷制度における暴力をないがしろにしているという意味にはならない。「奴隷船では、乗組員がつねに武装しており、反乱を防ぐために細心の注意を払っていた。スパルタ人は奴隷民のヘイロタイをつねに敵視し、継続的な戦闘体制をとっていたのである」、Hegel, Leçons sur la philosophie de l'histoire, Vrin, Paris, 1963, p. 201.〔『歴史哲学講義(下)』長谷川宏訳、岩波文庫、一九九四年、七〇頁〕

135 Hegel, *Vorlesungen über die Philosophie des Rechts : Berlin 1819/1820*, Felix Meiner, Hamburg, 2000, p. 22.

136 デビッド・ブリオン・デイビスはヘーゲルの才能を称賛しながら、その基本的な教えを以下のように要約している。「我々は神の慈悲も、神の名においてまたはその他の者の名において、現世を支配する人々の憐れみに何も期待すべきものはない。人間の真の解放は、それが肉体的であろうが精神的であろうが、あらゆる形態の奴隷状態を耐えしのび、克服した人々のものである」。David Brion Davis, *The problem of slavery in the age of revolution*, Oxford University Press, New York, 1999, p. 564.

137 Hegel, *Die Philosophie der Geschichte : Vorlesungsmitschrift Heimann (Winter 1830/1831)*, Fink Verlag, München, 2005, p. 70.

138 この主題に関しては以下の文章を参照されたい。「黒人はヨーロッパ人に奴隷にされ、アメリカに売られた。しかし、彼らの運命は、絶対的な奴隷制度が存在する故郷の国における方がさらに悲惨な場合が多かった。一般的に奴隷制の根拠は、その人間がまだ自分の自由を意識していないことにあるからだ」。Hegel, *Leçons sur la philosophie de l'histoire*, Vrin, Paris, 1987, p. 77.〔『歴史哲学講義(上)』長谷川宏訳、岩波文庫、一九九四年、一六三〜一六四頁〕

139 このヘーゲルの文章は、スーザン・バック＝モースが提案する解釈に留保を迫るものである。Susan Buck-Morss, *Hegel et Haïti*, Lignes - Léo Scheer, Paris, 2006.

一九七九年、四四二頁〕

107 Ottobah Cugoano, *Réflexions sur la traité et l'esclavage des nègres*, Zones, Paris, 2009, p. 89.

108 Charles Athanase Walckenaer, *Histoire générale des voyages*, Lefèvre, Paris, 1826. Tome I, p. 68.

109 *Ibid.*, p. 68.

110 *Ibid.*, p. 68.

111 *Ibid.*, p. 68.

112 *Ibid.*, p. 70.

113 Mvêmb'a a Ñzînga, « Au très puissant et excellent prince Dom Joao, notre frère », 6 juillet 1526, in Louis Jadin, Mireille Dicorato (éd), *Correspondance de Dom Afonso, roi du Congo, 1506-1543*, Académie Royale des sciences d'Outre-mer, Bruxelles, 1974, p.156.

114 Kabolo Iko Kabwita, *Le Royaume Kongo et la mission catholique, 1750-1838*, Karthala, Paris, 2004, p.102.

115 *Ibid.*, p.103

116 Cf. Dieudonné Rinchon, *La traite et l'esclavage des Congolais par les Européens*, J. De Meester et fils, Wetteren, 1929, p. 70.

117 Louis-Marie-Joseph Olivier de Grandpré, *Voyage a la côte occidentale D'Afrique*, Dentu, Paris, 1801, p. 212.

118 Kabolo Iko Kabwita, *op. cit.*, p.104.

119 *Ibid.*, p.104.

120 Le père Moinet, cité par Georges Leblond, *À l'assaut des pays nègres*, Œuvre des Écoles d'Orient, Paris, 1884, p.316.

121 この論法の用例の概要は以下の文献を参照のこと。Cf. William Snelgrave, *Nouvelle relation de quelques endroits de Guinée, et du commerxe d'esclaves*, Amsterdam, 1735, p. 60.

122 Anthony Benezet, *Some historical account of Guinea*, Owen, London, 1772, p. 60.

123 Mirabeau, « Discours sur l'abolition de la traite des noirs », Marcel Dorigny (éd.) *Les Bières flottantes des négriers*, Publications de l'Université de Saint-Etienne, 2006, p. 65.

124 Charles Levasseur, *Esclavage de la race noire aux colonies françaises*, Bajat, Paris, 1840, p. 84.

125 *Ibid.*, p. 84.

126 André Brué, d'après Benezet, *op. cit.*, p. 109.

99 *Ibid.*, p. 552.

100 対決はバリャドリッドの論争があった一五五〇年におこなわれた。

101 « Répliques de l'évêque de Chiapas », in Nestor Capdevila, *La Controverse entre Las Casas et Sepúlveda*, Vrin, Paris, 2007, 243- 288, p. 282.

102 Bartolomé de las Casas, *Apología*, Alianza Editorial, Madrid, 1988, p. 101.

103 戦争による征服の企てに、ラス・カサスは聖ユダ・タダイの例を対置する。彼は、「未開で獰猛な本性が獣のそれであったような人々に福音を説くために」メソポタミアに派遣されたが、ただ信仰という手段にのみ訴えたのだ。そして次のような皮肉な注釈で締めくくる。「この種の狩りは、アリストテレスによって述べられた狩りとは異なるものである。実をいえばアリストテレスは、偉大な哲学者だったとしても、ただ真の信仰を知ることを通じてのみ神に歩み寄ることを可能にする、この狩りによって捕らわれるに値しないのである」。*Ibid.*, p. 133.

104 問題は戦時国際法を含む、古典的な主題である。すなわち人は、敵の人間性を否定しながら人間性の名において戦うことはできないということである。人は自らの非人間的な姿を見せながら、人間性を体現すると主張することはできない。それは、戦闘手段に関していえば、人間性の問題が敵の問題であるだけでなく、とりわけ兵士の問題だからでもある。プーフェンドルフが書くように、「人類の法」は法を無限の敵対関係だけにとどめる。なぜならば「あれこれの敵対行為が、訴えられる根拠を与えることなく、〈敵〉に対して用いられるかどうかだけでなく、その行為が人として勝利者に値するかどうか考えるよう人類の法は要求する」からである。Pufendorf, *op. cit.*, p. 557.

105 「よくあるようにここでも、人はみな自由とか正義といった同じ価値の名において戦っているからです。その真偽を裁決してくれるものは、その人が誰のために自由や正義を要求し、誰とともに仲間を結成しようと思っているかという、その相手の人間の種類、つまり奴隷か主人かの違いです。マキャヴェリは正しかったということになります。価値を手離さぬということは確かに必要なことではありますが、それだけでは十分ではありませんし、また価値にのみ固執するのは危険なことでもあります。それらの価値を歴史的闘争のなかで支えていくことを任務とする人々を選びとらない限り、何もしなかったことになりましょう」。〔モーリス・メルロ＝ポンティ『シーニュ２』竹内芳郎監訳、みすず書房、一九七〇年、一一六頁〕

106 Karl Marx, *Le Capital, Gesamausgabe*, Dietz Verlag, Berlin, 1989, Abt. 2, Bd. 7, p. 668.〔『フランス語版資本論（下巻）』江夏美千穂、上杉聰彦訳、法政大学出版局、

められる三つの支配軸なのである。

91 *Ibid.*, p. 443.

92 *Ibid.*, p. 443.

93 「人類の名を掲げ、人間性を引き合いに出し、この語を私物化すること、これらはすべて、敵から人間としての性質を剝奪し、敵を非合法・非人間と宣告し、それによって戦争を、極端に非人間的なものにまで押し進めようという、恐ろしい主張を表明するものにほかならい」。Carl Schmitt, *La Notion de politique*, Flammarion, Paris, 1992, p. 97.〔『政治的なものの概念』田中浩・原田武雄訳、未來社、一九七〇年、六三頁〕

94 *Ibid.*, p. 201.〔『政治的なものの概念』前掲書、六四頁〕

95 Carl Schmitt, *Le Nomos de la terre*, PUF, Paris, 2001, p. 104.〔『大地のノモス ―― ヨーロッパ公法という国際法における』新田邦夫訳、慈学社出版、二〇〇七年、一〇四頁〕

96 Carl Schmitt, *Donoso Cortes in gesamteuropäischer Interpretation*, Greven, Köln 1950, p. 108. この文章は以下に引用されている。Norbert Campagna, *Le Droit, la politique et la guerre, Deux chapitres sur la doctrine de Carl Schmitt*, Presses de l'Université Laval, 2004, p. 147.

97 彼らは、逆にカトリック原理主義の代表者たちなのである。フランスの反動主義者たちはこの点を見誤らず、ベーコンを引きながら、世俗的ヒューマニズムに対抗し、新たな十字軍に訴えた。メーストルはこう述べる。「これが自明で真に神の原則なのだ！というのも〔神に対する〕人間の支配的地位は、人間の神との類似以外の基礎をもたぬのだから（ベーコン『聖戦についての対話』)」。Joseph de Maistre, *Les Soirées de Saint-Pétersbourg*, Pélagaud, Lyon, 1850, tome I, p. 281. ボナールはこう述べる。宗教が不条理となり、その実践が野蛮、もしくは破廉恥なものとなる（中略）社会はどれも、正当な社会ではない。というのも、そのような社会はいかなる社会の創始者や創造者の意志にも適うものではないからである。この主張は大胆にも見えるかもしれないが、私はこの主張を何も勝手に述べているわけではない。ベーコンは『聖戦についての対話』のなかで特にこの主題を扱い、キリスト教勢力は法の外、すなわち国民の法の外にいる民と彼が呼ぶトルコ人に戦いを挑むことができる、もしくは挑まなければならないということを論証したのである。Louis de Bonald, « Sur la Turquie », *Œuvres complètes*, Migne, Paris, 1864, Tome II, 909- 913, p. 909.

98 Samuel von Pufendorf, *Le droit de la nature et des gens*, Wetstein, Leyde, 1771 , Tome II, p. 556.

欲情が理性に、野獣が人間に、妻が夫に、息子が父に、不完全なものが完全なものに、邪悪な者が善良な人に従わなければならない」とセプールベダは唱える。*Ibid.*, p. 348.〔『第二のデモクラテス』前掲書、二一三頁〕

81 *Ibid.*, p. 349.〔『第二のデモクラテス』前掲書、二一四頁〕

82 さらに、このことは征服への人道的要請を兼ねている。つまり、「野蛮人が毎年生贄として捧げていた」大勢の罪のない犠牲者は運命に委ねられるのだろうか。そうではない。というのも、「神の法と自然の法により、人間はみな、相手が誰であれこのような不正から可能な限り解放するのを義務づけられている」からである。*Ibid.*, p. 349.〔『第二のデモクラテス』前掲書、二一四頁〕ここで、キリスト教ヒューマニズムの普遍的原則が征服の口実となるが、それは次のような図式においてである。いま特定の先住民に認められながらも犠牲者という彼らの位置によってただ形式的に定義された人間性こそが、犠牲者となった先住民の同胞の非人間性のみならず、それを征服した者の道徳的人間性を基礎づけるのである。それは、一方にある犠牲者の人間性と他方にある救済者の人間性とのあいだにつながりを確立することを可能にする、持って回ったような言い方である。

83 Francis Bacon, *An advertisement touching a holy war*, 1622. Cf. *The works of Francis Bacon*, Parry & McMillan, Philadelphia, 1859, Vol. II, pp. 435-443.（仏訳に関しては以下を参照。Jacques André Émery, *Œuvres complètes*, Migne, Paris, 1857, 631 sq.）

84 *Ibid.*, p. 441.

85 *Ibid.*, p. 441.

86 *Ibid.*, p. 441.

87 *Ibid.*, p. 441.

88 *Ibid.*, p. 441.

89 *Ibid.*, p. 442.

90 ベーコンは、海賊以外にもアマゾネス〔ギリシア神話に登場する騎馬民族〕を仮説的な事例としている。「この部族においては、公私の統治は市民兵によっておこなわれ、この軍隊そのものは女性が掌握している。これと似た統治、すなわち女性が男性に命令し統治する国がその基礎において自然秩序に反し、ただ統治を自称するだけで無価値であり、二度と無いように廃棄されるべき統治などでは無いとあえて支持しようとする人間は良識ある人間であろうか」。*Ibid.*, p. 442. 同様の推論は、奴隷が主人を統治する部族の事例や、子供が両親を支配する国に適用されている。男性の権力、主人の権力、父性の権力、そういったものがアリストテレスの延長線上で、社会的人間性の存在論的構造として定新版につけ加えられたテキストを参照しており〔仏訳はこの新版からによる〕、第一版〔一九六九年〕を元にした邦訳には存在しない)〕

66 Voltaire, *Essai sur les mœurs*, Garnier, Paris 1963, Vol. 2, p. 339.

67 Anonyme, *Coup d'œil sur la Société et les mœurs des États-Unis d'Amérique, par une Anglaise,* Londres, 1821. この文章は以下の著作に引用されている。*Bibliothèque universelle des sciences, belles-lettres et arts,* Imprimerie de la bibliothèque universelle, Genève, 1822, Tome XIX, septième année, p. 284.

68 Oviedo, *Historia general*, libro 29, cap. 3. この文章は以下の著作に引用されている。Manuel José Quintana, *Lives of Vasco Nunez de Balboa, and Francisco Pizarro*, Blackwood, Edinburgh, 1832, p. 18.

69 Brasseur de Bourbourg, *Histoire des nations civilisées du Mexique et de l'Amérique-Centrale*, Arthus Bertrand, Paris, 1859, Tome IV, p. 523.

70 Alfred Deberle, *Histoire de l'Amérique du Sud depuis la conquête jusqu'à nos jours*, Alcan, Paris, 1897, p. 57.

71 Auguste de Saint-Hilaire, *Voyage dans les provinces de Saint- Paul et de Sainte-Catherine*, Arthus Bertrand, Paris, 1851, Tome I, p. 43.

72 *Ibid*, p. 25.

73 Elias Regnault, *Histoire des Antilles et des colonies françaises, espagnoles, anglaises*, Didot, Paris, 1849, p. 9.

74 Henry Rowe Schoolcraft, *Histoire des Indiens des États-Unis*, Boehm, Montpellier, 1858, p. 72.

75 David Bailie Warden, «Chronologie historique de l'Amérique», in *L'artdevérifierles dates*, quatrième partie, Tome IX, chez l'éditeur, Paris, 1842, p. 412.

76 *Ibid.*, p. 412.

77 Charles Darwin, *Voyage d'un naturaliste autour du monde*, Reinwald, Paris, 1875, p. 137.〔『ビーグル号航海記(上)』島地威雄訳、岩波文庫、一九五九年、一九八頁〕

78 Juan Ginés de Sepúlveda, « Democrates alter, sive de justis belli causis apud Indos », [prólogo, traducción y edición de Marcelino Menéndez y Pelayo], *Boletin de la real academia de historia*, Vol. XXI, Oct. 1892, n° 4, pp. 260-369, p. 293.〔『第二のデモクラテス —— 戦争の正当原因についての対話』染田秀藤訳、岩波文庫、二〇一五年、一〇八頁〕

79 *Ibid.*, p. 308.〔『第二のデモクラテス』前掲書、一三一〜一三二頁〕

80 これはアリストテレスの命題に合致した論証である。その命題によれば、強制権を伴う支配の自然的秩序を根拠づけるのである。「質量が形相に、肉体が魂に、

47 Jacques Eveillon, *Traité des excommunications et monitoires*, Couterot, Paris, 1672, p. 28.

48 Saint Thomas, *op. cit.*, II, II, Q. XI, art. 3, p. 360.〔『神学大全　第 15 冊（第 2-2 部 1 ～ 16）』前掲書、二五八頁〕

49 Albert Du Boys, *Histoire du droit criminel des peuples modernes*, Paris, Durand, 1854, p. 122-124.

50 cf. Robert Jacob, « Bannissement et rite de la langue tirée au Moyen Âge », *Annales*, Vol. 55, n° 5, pp. 1039- 1079, p. 1043.

51 グリム以来、ドイツの史料編纂における傾向として、このモチーフは古ゲルマンの時代にまで遡って追及された。だが、ヤコービは、語根の warg から形成された用語が一二世紀以前には体系的に狼を参照するわけではないということを示した。Cf. Michael Jacoby, *Wargus, vargr, Verbrecher, Wolf. Eine sprach- und rechtsgeschichtliche Untersuchung,, Almqvist & Wiksell, Uppsala*, 1974.

52 Titre 38, cf. Julien Marie Le Huërou, *Histoire des institutions mérovingiennes*, Joubert, Paris, Tome I, 1843, p. 95.

53 Cf. Robert Jacob, *op. cit.*, p. 1040.

54 法制史家は、この文書から、「平和喪失〔Friedlosigkeit〕」、すなわち平和を欠いた状態という観念に焦点を合わせた解釈を作り上げた。議論は、ゲルマン法におけるこうした排除の形態の構造的特徴に関わるものである。Cf. Maurizio Lupoi, Adrian Belton, *The Origins of the European Legal Order*, Cambridge UP, 2007, p. 370.

55 Cf. Du Boys, *op. cit.*, p. 545.

56 Cité par Le Huërou, *op. cit.*, 96.

57 Du Boys, *op. cit.*, p. 130.

58 *Ibid.*, p. 124.

59 Esprit Fléchier, *Mémoires de Fléchier sur les Grands-Jours d'Auvergne en 1665*, Hachette, Paris, 1856, p. 258.

60 Ernest Lehr, *Éléments de droit civil anglais*, Larose et Forcel, Paris, 1885, p. 19.

61 Cf. Robert Jacob, *op. cit.*, p. 1039.

62 Du Boys, *op. cit.*, p. 125.

63 Cf. Robert Jacob, *op. cit.*, p. 1044.

64 Giorgio Agamben, *Homo sacer I, Le Pouvoir souverain et la vie nue*, Seuil, Paris, 1997, p. 117.〔『ホモ・サケル —— 主権権力と剥き出しの生』高桑和巳訳、以文社、二〇〇七年、一五一頁〕

65 Eric Hobsbawm, *Les Bandits, Zones*, Paris, 2008, p. 23.〔『匪賊の社会史』船山榮一訳、筑摩書房、二〇一一年（該当箇所は、二〇〇〇年に出版された *Bandits* の

Vol. 44, n° 3, 1989, 691-713, p. 698.

34 Cf. Claude Thomasset, *Commentaire du Dialogue de Placides et Timeo* , Droz, Genève, 1982, p. 217.

35 以下の文献より引用。Pierre Briant, « Chasses royales macédoniennes et chasses royales perses : le thème de la chasse au lion sur *la Chasse de Vergina* », in Pierre Lévêque, *Dialogues d'histoire ancienne*, PUFC, Besançon, 1991, 211- 256, p. 219.

36 Matt 4.18-20 et Marc 1.17.〔『新約聖書Ｉ ── マルコによる福音書／マタイによる福音書』佐藤研訳、岩波書店、一九九五年、五、一〇四頁〕

37 Hobbes, *Léviathan*, 3e partie, ch. XLII, Dalloz, Paris, 1999, p. 521.〔『リヴァイアサン３』水田洋訳、岩波文庫、一九八二年、二〇八頁〕

38 ニムロドが、最初は宗教権力の形式と政治権力の形式を区別するものとして用いられるとしても、狩人の王という主題《トポス》は、君主制の権威を批判するための手段としても発展する。中世では、よき司牧の王が悪しき「狩猟の王」と対置される。ルネサンスのヒューマニズムでは、それは「民の司牧に代わって、民を食べる者」となった主権者、すなわち「民を貪る王」という〔司牧権力の〕引き立て役の形象である。Cf. Guillaume de Salluste Du Bartas, *La Seconde Semaine*, S.T.F.M., Paris, 1992, Vol. 2, p. 313. キリスト教内部の闘争において、ニムロドのテーマは反教皇派によって取り上げ直され、とりわけそれはルターによって教会の位階制度を批判する際に用いられた。

39 Michel Foucault, *op. cit*., p. 134.〔『安全・領土・人口』前掲書、一六一頁〕

40 Frontiscpice de Urbanus Rhegius, *Wie man die falschen Propheten erkennen, ja greiffen mag*. Wittenberg, 1539.

41 Eugène Mouton, *Les Lois pénales de la France*, Cosse, Paris, 1868, Vol. 2, p. 304.

42 Jacob Ludwig Karl Grimm, *Deutsche Rechtsalterthuemer*, Dieterichschen Buchhandlung, Göttingen, 1854, p. 733.

43 以下の文献より引用。Étienne-Léon de La Mothe-Langon, *Histoire de l'Inquisition en France*, Dentu, Paris, 1829, Tome III, p. 210.

44 Bellarmin, *De pontif. Rom*., Lib. 5, ch. 7, cité par l'*Abrégé de l'histoire des papes, depuis St. Pierre jusqu'à Clément XII*, 1739, p. 181.

45 Droit canon, Décret XXIV, quest. 3, cité par Saint Thomas, *Somme théologique*, II, II, Q. XI, art. 3, Vivès, Paris, 1857, Tome VII, p. 360.〔『神学大全　第 15 冊（第 2-2 部 1 ～ 16）』稲垣良典訳、創文社、一九八二年、二五九頁〕

46 Brian P. Levack, *La Grande Chasse aux sorcières en Europe aux débuts des Temps modernes*, trad. J. Chiffoleau, Champ Vallon, Seyssel, 1991, p. 14.

対置する。「自由民のジョン」として知られ、最も偉大な攻撃文書の作者の一人であるジョン・リルバーンが一六四九年にクロムウェルの絶対的権力を非難したとき、彼はごく自然にクロムウェルの権力を「巨大な狩人」と同一視する。Cf. David Loewenstein, *Representing revolution in Milton and his contemporaries*, Cambridge UP, 2001, p. 43. 同じく、はるか後に、ルソーが『エミール』のなかで、恒久的な法がこれまでに力によって打ち立てられているのかを問題にしたとき、彼は明確に「太古の人民を服従させたと言われるニムロドの力」を参照する。Cf. Rousseau, Œuvres complètes, Gallimard, Paris, 1959, Vol. IV, p. 837.〔『ルソー全集　第七巻』樋口謹一訳、白水社、一九八二年、三二三頁〕

29　René François Rohrbacher, *Histoire universelle de l'Église Catholique*, Gaume, Paris, 1857, Tome I, p. 312.

30　Michel Foucault, *Sécurité, territoire, population*, Seuil/Gallimard, Paris, 2004, p. 129.〔『安全・領土・人口 ―― コレージュ・ド・フランス講義 1977-1978 年度』高桑和巳訳、筑摩書房、二〇〇七年、一五四頁〕

31　ティトゥス・フラウィウス・ヨセフス（*Antiquités judaïques*, I, ch. IV, 2）を注釈するヘーゲルは、ニムロドを力の内在の形象とし、ニムロドを従順なノアに対立させる。

「ニムロドは城壁を築いて洪水を防ぐ。彼は狩人であり、王であった。このようにして、窮乏との戦いのなかで、大自然の諸元素、動物たち、そして人間たちも、強者の律法、とはいえ生ける者が科した律法を背負わなければならなかったのである。

　ノアは敵対的になった［自然の］力に対抗して、その力と自己をより強力な存在に服させることによって安全を図り、それに対してニムロドはその力を自ら従わせることによって安全を図った」。Hegel, *L'Esprit du christianisme et son destin, précédé de L'Esprit du judaïsme*, Vrin, Paris, 2003, p. 66.〔『キリスト教の精神とその運命』細谷貞雄、岡崎英輔訳、白水社、二〇一二年、九〜一〇頁〕

32　『ゾーハル』には、ニムロドの衣服はアダムに由来すると語られている。「アダムの衣服は、ニムロドの手に落ちた。この衣服を使って、ニムロドは偉大な狩人となったのである」。ところが、アダムの衣服は、「ゾーハルでは、神がアダムに啓示した、今日言うところの自然法則や物理学を意味する。ゾーハルによれば、ニムロドは、人々に自然法則によってあらゆる現象を説明することで、こうした法則が至上のものとして世界に君臨することを信じさせたということは（中略）確かである」。*Sepher Ha-Zohar, op. cit.*, p. 101.

33　Cf. Philippe Buc, « Pouvoir royal et commentaires de la Bible (1150-1350) », *Annales*,

15 Aristote, *op. cit.*, I, 5, p. 101.〔『新版　アリストテレス全集 17』前掲書、三二頁〕

16 Platon, *Les Lois*, Livres I à VI, VI 777b, Flammarion, Paris, 2006, p. 320.〔『プラトン全集 13』前掲書、三七八頁〕

17 Plutarque, *Vie de Lycurgue*, 28, 3-7.〔『英雄伝（1）』柳沼重剛訳、京都大学学術出版会、二〇〇七年、一六五頁〕

18 Jean Ducat, « Le Mépris des Hilotes», *Annales*, Vol. 29, n° 6, 1974, 1451-1464, p. 1456-1459.

19 Thucydide, *op. cit.*, IV, 80.〔『歴史（上）』小西晴雄訳、ちくま学芸文庫、二〇一三年、三六九頁〕

20 « Nimbrod Filius Chus » *in* Athanasius Kircher, *Turris Babel*, Janssonius van Waesberge, Amsterdam, 1679, p. 112.

21 Rousseau, *Essai sur l'Origine des Langues*, Aubier-Montaigne, Paris, 1974, p. 126.〔『言語起源論 ―― 旋律と音楽的模倣について』増田真訳、岩波文庫、二〇一六年、六六頁〕

22 Victor Hugo, *Napoléon le Petit*, Stemvers, Amsterdam, 1853, p. 270.〔『ヴィクトル・ユゴー文学館　第八巻 ―― 海に働く人びと／小ナポレオン』佐藤夏生、庄司和子、金柿宏典訳、潮出版社、二〇〇一年（抄訳のため引用部分の訳はない）〕

23 Genèse, 10:8-9.〔『旧約聖書 1 ―― 創世記』月本昭男訳、岩波書店、一九九七年、二九頁〕

24 *Sepher Ha-Zohar, Le Livre de la splendeur. Commentaire sur le Deutéronome*, Maisonneuve et Larose, Paris, 1985, Tome VI, p. 101.

25 Friedrich Julius Wilhelm Schroeder, *Premier livre de Moïse – Commentaire*, Ducloux, Paris, 1850, Vol. I, p. 282.

26 不確かなものではあるが、語源学上、「ニムロド」は「反乱を起こすこと」を意味するヘブライ語 מרד mārad から派生したものとしている。しかし、そこには次のような両義性がある。この語のかたちにおいては、このヘブライ語は、むしろ受動態で、反乱の対象となる者を意味する。ニムロドは、同時に服従しない者と不服従をもたらす者として現れるのである。

27 Jean Bodin, *Les Six Livres de la République*, Cartier, 1608, p. 273.

28 こうした学説のなかでは、同意の内在が力の内在に対置される。このテーマは、一六四二年から一六五一年にかけてのイングランド内戦のときに生まれる。急進的な平等主義の担い手である「レヴェラーズ〔平等派〕」による革命運動では、征服論と君主の最高権力に関する聖書的系譜学が用いられることで、主権的権威の正統性に異議が申し立てられ、それに自然権を有する主体の自由な合意を

## 原注

1 Lettre de Robert Gaguin citée dans Philippe de Commines, *Lettres et négociations de Philippe de Commines*, tome I, Devaux, Bruxelles, 1867, p. 335.

2 *Dictionnaire de l'Académie françoise*, Guillaume, Paris, volume I , 1831, p. 227.

3 Honoré de Balzac, *La Comédie humaine. Études de mœurs. Scènes de la vie politique*, Paris, Furne, Vol. 12, 1846, p. 299.

4 Hannah Arendt, *Les Origines du totalitarisme*, Paris, Seuil, 1972, p. 197.〔『全体主義の起原3 ── 全体主義』大久保和郎、大島かおり訳、みすず書房、二〇一七年、二七四頁〕

5 Platon, *Le Sophiste*, 222b, GF- Flammarion, Paris, 1969, p. 52.〔『プラトン全集3 ── ソピステス／ポリティコス（政治家）』藤沢令夫、水野有庸訳、岩波書店、一九七六年、二一頁〕

6 Aristote, *Les Politiques*, I, 7, 1255b, GF-Flammarion, Paris, 1993, p. 109.〔『新版　アリストテレス全集17 ── 政治学／家政論』神崎繁、相澤康隆、瀬口昌久訳、岩波書店、二〇一八年、三九頁〕

7 以下の文献より引用。Yvon Garlan, *L'Esclavage dans le monde grec*, Les Belles Lettres, Paris, 1984, p. 158.

8 Thucydide, *Histoire de la Guerre du Péloponnèse*, VI, 62.〔『歴史（下）』小西晴雄訳、ちくま学芸文庫、二〇一三年、一二八頁〕

9 Platon, *Le* Sophiste, 222c, GF- Flammarion, Paris, 1992, p. 52.〔『プラトン全集3』前掲書、二一〜二二頁〕

10 Platon, *Les Lois*, Livres VII à XII, 823b, GF-Flammarion, Paris, 2006, p. 73.〔『プラトン全集13 ── ミノス／法律』森進一、池田美恵、加来彰俊訳、岩波書店、一九七六年、四六二頁〕

11 Aristote, *op. cit.*, I, 8, 1256b, p. 113.〔『新版　アリストテレス全集17』前掲書、四三頁〕

12 プラトンは『ソピステス』のなかで重要な二種類の技術を区別する。すなわち一方には、物を作り出す生産技術があり、他方には、物を作るのではなく、ある物を自らのものとする技術がある。

13 『クリトン』に関する以下の注釈を参照。Henri Joly, *Études platoniciennes : la question des étrangers*, Vrin, Paris, 1992, p. 16.

14 Cf. Richard Bodeüs, « Les considérations aristotéliciennes sur la brutalité », in B. Cassin, J.-L. Labarrière, *L'Animal dans l'antiquite´*, Vrin, Paris, 1997, 247- 258, p. 254.

[訳者]

**平田 周**（ひらた・しゅう）

1981年生まれ。思想史。パリ第8大学博士課程修了。博士（哲学）。日本学術振興会特別研究員（PD）を経て、南山大学外国語学部フランス学科准教授。共編著に『惑星都市理論』（以文社、2021）など。主な論文に「ファシズムへの『論理による抵抗者』 ―― ジョルジュ・カンギレムにおける有機体と社会の関係の争点」（『フランス文化研究』第48巻第1号、2017）、「広範囲の都市化を通じたウイルスの伝播」（『現代思想』第48巻7号、青土社、2020）など。

**吉澤 英樹**（よしざわ・ひでき）

1970年生まれ。フランス語圏文化・文学。パリ第3大学博士課程修了。博士（フランス文学・文明）。現在、南山大学外国語学部フランス学科教授。編著に『ブラック・モダニズム ―― 間大陸的黒人文化表象におけるモダニティの生成と歴史化をめぐって』（未知谷、2015）、共編著に『混沌の共和国 ―― 「文明化の使命」の時代における渡世のディスクール』（ナカニシヤ出版、2019）、『アンドレ・マルローと現代 ―― ポストヒューマニズム時代の〈希望〉の再生』（上智大学出版、2021）など。

**中山 俊**（なかやま・しゅん）

1979年生まれ。フランス近現代史。トゥールーズ第2大学博士課程修了。博士（歴史学）。南山大学外国語学部フランス学科講師を経て、現在、北九州市立大学文学部比較文化学科准教授。共著に *Les confins du patrimoine* (Presses de l'Université du Québec, 2019) など。主な論文に「フランス革命期におけるトゥールーズの美術館とコレクション ―― 国民統合と愛郷心」（『西洋史学』第264号、2017）、「サラ・バールトマンの遺骸返還についての再検討」（『二十世紀研究』第21号、2020）など。

［著者］

**グレゴワール・シャマユー**　Grégoire Chamayou

1976年、ルルド生まれ。バシュラール、カンギレム、フーコーというフランス認識論者の系譜に連なる科学技術の思想史家。リヨン、エコール・ノルマル・シュペリウールCERPHI（修辞・哲学・思想史研究所）に哲学研究員として所属。ラ・デクーヴェルト社の叢書「ゾーン」編集長も務める。本書の他、邦訳に『ドローンの哲学』（明石書店、2018）、『人体実験の哲学』（明石書店、2018）、『La Société ingouvernable（仮題：統治不能社会）』（明石書店、近刊）がある。

人間狩り
狩猟権力の歴史と哲学

二〇二一年九月一三日　初版第一刷発行

著　者――グレゴワール・シャマユー
訳　者――平田周　吉澤英樹　中山俊
発行者――大江道雅
発行所――株式会社 明石書店
〒一〇一－〇〇二一　東京都千代田区外神田六－九－五
電　話　〇三－五八一八－一一七一
ＦＡＸ　〇三－五八一八－一一七四
振　替　〇〇一〇〇－七－二四五〇五
http://www.akashi.co.jp
装幀　　明石書店デザイン室
印刷・製本　　モリモト印刷株式会社
（定価はカバーに表示してあります）
ISBN 978-4-7503-5232-9

# ドローンの哲学

## 遠隔テクノロジーと〈無人化〉する戦争

グレゴワール・シャマユー 著
渡名喜庸哲 訳

■四六判／並製／352頁　◎2400円

ドローンは世界中を戦場に変え、戦争は「人間狩り（マンハント）」となる。その影響は軍事だけでなく、心理、地理、倫理、法律、政治等々、われわれの社会を大きく変えるだろう。本書は、ドローンがもたらす帰結とは何か、「哲学」的に考察する。

内容構成



# 人体実験の哲学

## 「卑しい体」がつくる医学、技術、権力の歴史

グレゴワール・シャマユー 著
加納由起子 訳

■四六判／並製／592頁　◎3600円

医学実験に伴うリスクは差別的に不平等に社会の中で配分されていた。死刑囚、娼婦、植民地住民など、すでに卑賤とされていた人々が社会に代わりリスクを引き受けていた。「生きた人体の医学実験への供与システム」を医学史、政治思想史から描き出す。

内容構成



〈価格は本体価格です〉